DE QUÉ HABLO
CUANDO HABLO DE ESCRIBIR

Obras de Haruki Murakami
en Maxi

HARUKI MURAKAMI
DE QUÉ HABLO
CUANDO HABLO DE ESCRIBIR

Traducción del japonés de
Fernando Cordobés y Yoko Ogihara

M A X I
TUSQUETS
EDITORES

Título original: 職業としての小説家 *(Shokugyō to shite no shōsetsuka)*

1.ª edición en colección Andanzas: abril de 2017
1.ª edición en colección Maxi: octubre de 2018

© Haruki Murakami, 2015

Ilustración de la cubierta: Maxi Tusquets / Área Editorial Grupo Planeta

Ilustración de la cubierta: ilustración de Sylvia Sans especialmente creada para esta obra. © Sylvia Sans

Fotografía del autor: © Ivan Giménez / Tusquets Editores

© de la traducción: Fernando Cordobés González y Yoko Ogihara, 2017

Diseño de la colección: Guillemot-Navares

Reservados todos los derechos de esta edición para
Tusquets Editores, S.A. - Avda. Diagonal, 662-664 - 08034 Barcelona
www.maxitusquets.com

ISBN: 978-84-9066-569-5
Depósito legal: B. 20.430-2018
Impresión y encuadernación: CPI (Barcelona)
Printed in Spain - Impreso en España

De qué hablo cuando hablo de escribir

Índice

Índice

1
De vocación, novelista
¿Son los escritores seres generosos?

Si dijera que me dispongo a hablar sobre novelas podría dar la impresión, ya desde el principio, de que abordo un tema demasiado amplio, por lo que será mejor que empiece por los escritores. Se trata de algo mucho más concreto, fácil de entender a la primera, y creo, por tanto, que el tema de fondo fluirá con relativa naturalidad.

Desde una perspectiva puramente personal, y con total franqueza, me parece que la mayoría de los escritores —no todos, obviamente— no destacan por ser personas con un punto de vista imparcial sobre las cosas y por tener un carácter apacible. Quizá no convenga decirlo en voz muy alta, pero pocos poseen algo realmente digno de admiración, y, de hecho, muchos tienen hábitos o comportamientos ciertamente extraños. La mayoría de los escritores (calculo que alrededor del noventa y dos por ciento), y me incluyo a mí mismo, pensamos: «Lo que yo hago o escribo es lo correcto. Salvo unas pocas excepciones, los demás se equivocan, ya sea en mayor o menor medida». Vivimos condicionados por ese pensamiento por mucho que no nos atrevamos a decirlo en voz alta. Aunque nos expresemos con cierta modestia, dudo que a mucha gente le gustara tener como amigo o como vecino a alguien así.

De vez en cuando llegan a mis oídos historias de amistad entre escritores. Entonces no puedo evitar pensar que solo se trata de cuentos chinos. Tal vez ocurra durante un tiempo, pero no creo que una amistad verdadera entre personas así pueda durar mucho tiempo. En esencia, los escritores somos seres egoístas, generalmente orgullosos y competitivos. Una fuerte rivalidad nos espolea día y noche. Si se reúne un grupo de escritores, seguro que se dan más casos de antipatía que de lo contrario. He vivido varias experiencias en ese sentido.

Hay un ejemplo muy conocido. En el año 1922 coincidieron en París en una cena Marcel Proust y James Joyce. A pesar de estar sentados muy cerca el uno del otro, no se dirigieron la palabra durante toda la velada. A su alrededor los demás los observaban conteniendo la respiración, sin dejar de preguntarse de qué podrían hablar aquellos dos gigantes de las letras del siglo XX. La velada tocó a su fin sin que ninguno de los dos se dignase dirigir la palabra al otro. Imagino que fue el orgullo lo que frustró una simple charla, y eso es algo muy frecuente.

Si, por el contrario, hablo de la exclusividad en el campo profesional —dicho más claro, sobre la conciencia del territorio que ocupa cada uno—, creo que no hay nadie tan generoso y con un corazón más grande que los escritores de ficción. Siempre me ha parecido que es una de las pocas virtudes que tenemos en común.

Trataré de concretar para que se entienda bien lo que quiero decir.

Pongamos por caso que un escritor al que se le da bien cantar se aventura en el mundo de la música. Quizá no tenga talento para la canción pero sí para la pintura, y a partir de cierto momento empiece a exponer su obra. Sin duda, se enfrentará a todo tipo de críticas, reticencias y burlas. El comentario más frecuente será: «Es un diletante. Debería dedicarse a lo suyo». También: «Un pobre *amateur* sin talento ni técnica». Los pintores o cantantes profesionales se limitarán a tratarle con frialdad. Incluso le pondrán alguna que otra zancadilla en cuanto surja la ocasión. Dudo mucho que tenga una buena acogida, y, en todo caso, sería por un tiempo y en un espacio limitados.

Durante los treinta años que llevo escribiendo novelas también me he dedicado con mucho ahínco a traducir novelas angloamericanas. Al principio (tal vez siga siendo así) me exponía a críticas muy severas. «La traducción no es algo sencillo», decían, «no es para un *amateur*.» También: «Es una auténtica contrariedad que un escritor se dedique a traducir».

Cuando publiqué *Underground,* me llovió todo tipo de críticas despiadadas por parte de los escritores que se dedican a la no ficción: «Desconoce los fundamentos básicos de la no ficción», decían algunos. «Ha escrito un dramón propio de un sentimental de tres al cuarto.» También: «Un simple pasatiempo».

Mi idea era escribir una obra de no ficción sin seguir el dictado de determinados fundamentos o reglas, sino como yo entendía que debía ser. El resultado fue que pisé la cola de los tigres que vigilaban el territorio sagrado de la no ficción. Al principio estaba muy desconcertado. No sospechaba la existencia de ese ambiente, y tampoco había caído en la cuenta de que hubiera determinadas reglas para la no ficción y que tuvieran que respetarse con tanto celo.

Cuando uno se aventura fuera de su territorio, de su especialidad, quienes se dedican profesionalmente a ello no ponen buena cara. De hecho, intentan cerrar todas las puertas y accesos como los leucocitos de la sangre cuando se afanan por eliminar cuerpos extraños. Si, a pesar de todo, uno insiste, poco a poco empezarán a perder terreno hasta permitirle tácitamente ocupar determinado lugar. A pesar de todo, las críticas de bienvenida serán implacables. Cuanto más estrecho y específico sea el campo en el que uno se aventura, el orgullo y el sentimiento de exclusividad serán mayores, lo mismo que las reticencias a las que deberá enfrentarse el recién llegado.

En el caso contrario, cuando es un cantante, un pintor o incluso un traductor o un autor de no ficción quien se la juega en el territorio de la novela, ¿acaso el gremio de escritores torcerá el gesto ante la intromisión? En mi opinión, no. No son pocos los casos en los que las novelas escritas por ese tipo de personas han recibido una buena acogida. Nunca he oído que un escritor se enfadara por el hecho de que un *amateur* haya escrito una novela, y encima sin su venia. Que yo sepa, no suele suceder que un escritor critique a alguien que haga eso, que se burle de él o se dedique a ponerle la zancadilla. Más bien al contrario. Me parece que a los escritores profesionales esos recién llegados nos despiertan una curiosidad sincera, ganas de charlar con ellos sobre literatura, incluso de darles ánimos movidos por esa especie de extrañeza que nos provoca alguien llegado de fuera de nuestra especialidad.

Habrá quien hable mal de la obra en cuestión a espaldas de su autor, pero eso es algo habitual entre los escritores y no tiene que ver con el intrusismo suscitado por un extraño. Los escritores tenemos muchos defectos, pero al parecer somos generosos y tolerantes con quienes vienen de fuera.

Me pregunto por qué y creo que la respuesta es clara. Una novela pasatiempo, aunque este calificativo resulte un tanto hosco, puede escribirla casi cualquiera que se lo proponga. Para ser pianista o bailarín, por el contrario, se necesita pasar por un duro proceso de formación desde muy niño. Para ser pintor, otro tanto: una técnica de base, conocimientos, comprar materiales para pintar. Si uno quiere convertirse en alpinista, necesitará coraje, técnica y moldear con el tiempo un físico determinado.

Si se trata de escribir una novela, en cambio, se puede lograr sin entrenamiento específico. Basta con saber redactar correctamente (y en el caso de los japoneses opino que la mayoría son perfectamente capaces), un bolígrafo, un cuaderno y cierta imaginación

17

para inventar una historia. Con eso se puede crear, bien o mal, una novela. No hace falta estudiar en ninguna universidad concreta, ni se precisan unos conocimientos específicos para ello.

Una persona con un poco de talento escribirá una buena obra al primer intento. Me da cierto reparo hablar de mi caso concreto, pero yo nunca hice ningún tipo de trabajo previo para escribir novelas. Estudié en la Facultad de Filosofía y Letras, en el Departamento de Artes Escénicas, pero por las circunstancias de la época apenas hinqué los codos y básicamente me dediqué a vagabundear por allí con mi pelo largo, la barba sin afeitar y un aspecto general más bien desaliñado. No tenía especial interés en ser escritor, no escribía nada a modo de entrenamiento y, sin embargo, un buen día me dio por escribir mi primera novela (o algo parecido), a la que titulé *Escucha la canción del viento*. Con ella gané un premio para autores noveles concedido por una revista literaria. Después, sin saber muy bien cómo, me convertí en escritor profesional. Muchas veces me pregunté si de verdad aquello era tan sencillo, porque lo cierto es que todo me resultaba demasiado fácil.

Si lo cuento así, tal vez haya quien se moleste por considerar que me tomo la literatura demasiado a la ligera, pero solo hablo de hechos, no de literatura. La novela, como género, es una forma de expresión muy amplia. En función de cada cual y de su modo de pensar, esa amplitud intrínseca se puede convertir en una de las razones fundamentales de donde nace su po-

18

tencia, su vigor y, al mismo tiempo, su simplicidad. Desde mi punto de vista, el hecho de que cualquiera pueda escribir una novela no constituye una infamia para el género, sino más bien una alabanza.

El género de la novela es, digámoslo en estos términos, una lucha libre abierta a cualquiera que quiera participar. Entre las cuerdas que definen el cuadrilátero hay suficiente espacio para todo el mundo y, además, es muy fácil acceder a él. Es un ring considerablemente amplio. El árbitro no es demasiado estricto y nadie se dedica a vigilar quién puede participar. Los luchadores en activo —en el caso que nos ocupa, los escritores— están resignados desde el principio y no se preocupan en exceso por quién puede entrar o no. Convengamos que es un lugar de fácil acceso, y que siempre está bien ventilado. En una palabra: un lugar bastante indeterminado.

Sin embargo, a pesar de que resulta fácil subir al ring, no lo es tanto permanecer en él durante mucho tiempo. Eso es algo que los escritores saben bien. Escribir una o dos novelas buenas no es tan difícil, pero escribir novelas durante mucho tiempo, vivir de ello, sobrevivir como escritor, es extremadamente difícil. Me atrevo a decir que casi resulta imposible para una persona normal. No sé cómo explicarlo de forma precisa, pero para lograrlo hace falta algo especial. Obviamente se requiere talento, brío y la fortuna de tu lado, como en muchas otras facetas de la vida, pero por encima de todo se necesita determinada predisposición. Esa predisposición se tiene o no se tiene. Hay quienes nacen con ella y otros la adquieren a base de esfuerzo.

Respecto a la predisposición, todavía no se sabe gran cosa de por qué existe, y tampoco se habla mucho de ello al no tratarse de algo que se pueda visualizar o verbalizar. Sea como fuere, la experiencia nos enseña a los escritores lo duro que es seguir siendo escritor.

Me parece que esa es la razón de que seamos generosos y tolerantes con los recién llegados, con quienes se atreven a saltar la cuerda del ring para lanzarse al terreno de la escritura. La actitud de la mayoría suele ser: «¡Vamos, ven si eso es lo que quieres!». Pero hay otros que, por el contrario, no prestan demasiada atención a los recién llegados. Si estos terminan por besar la lona al poco de llegar o se marchan por su propio pie (en la mayoría de los casos suele ser una de estas dos razones), lo sentimos de verdad por ellos y les deseamos lo mejor, pero cuando alguien se esfuerza por mantenerse en el cuadrilátero, suscita un respeto inmediato, tan imparcial como justo (o al menos eso es lo que me gustaría que sucediera).

Tal vez tenga que ver con el hecho de que en el mundo literario no se da lo de «borrón y cuenta nueva», es decir, que aunque aparezca un nuevo escritor, nunca (o casi nunca) sucede que uno ya establecido pierda el trabajo por su culpa y tenga que volver a empezar de cero. Al menos no ocurre de una manera clara. Algo completamente distinto a lo que sucede en el mundo del deporte profesional. En el mundo literario casi nunca se da el caso de que la irrupción de un novato suponga el fin de un nombre consagrado, o de que alguien en camino de consagrarse acabe malogrado. Tampoco ocurre que una novela que vende cien mil ejemplares le reste potencial de ventas a otra semejante. De hecho, un autor novel que vende muchos ejemplares suele revitalizar el mundo literario, dinamizar su actividad y la industria editorial en su conjunto termina por beneficiarse.

Si tomamos en consideración un periodo de tiempo extenso, parece darse una especie de selección natural. Por muy amplio que sea el ring, puede que exista un número idóneo de luchadores. Al menos eso me parece al observar a mi alrededor.

En mi caso particular, me dedico profesionalmente a escribir novelas desde hace ya más de treinta y cinco años. O sea, llevo más de tres décadas en el ring del mundo literario y, sirviéndome de una vieja expresión japonesa, puedo decir que vivo gracias al pincel de caligrafía. Desde una perspectiva estrecha, puedo considerarlo un logro.

En todo este tiempo he visto a muchas personas estrenarse como escritores. Gran parte de ellas recibieron en su momento elogios y críticas positivas, una acogida considerable: loas de los críticos, premios literarios, la atención del público y buenas ventas. Tenían por delante un futuro prometedor. Es decir, cuando saltaron al ring lo hicieron con el foco de la atención pública centrado en ellos, acompañado de música de fanfarria.

Si, por el contrario, me pregunto cuántos de los que se estrenaron hace veinte o treinta años siguen dedicándose a esto, compruebo que no son demasiados. Más bien muy pocos. La mayoría de los escritores noveles desaparecieron en algún momento sin que se sepa exactamente cuándo ni cómo ocurrió. Tal vez —diría que casi todos— se cansaron de escribir novelas, les superó el esfuerzo que supone hacerlo y terminaron por dedicarse a otra cosa. En la actualidad, una gran cantidad de sus obras —por mucho que llamaran la atención en determinado momento— son muy difíciles de encontrar en una librería cualquiera. El número de escritores no tiene límite, pero sí el espacio en las librerías.

En mi opinión, escribir novelas no es un trabajo adecuado para personas extremadamente inteligentes. Es obvio que exige un nivel determinado de conocimiento, de cultura y también, cómo no, de inteligencia para poder llevarlo a cabo. En mi caso particular creo llegar a ese mínimo exigible. Bueno, quizás. Si soy sincero, suponiendo que alguien me preguntase abiertamente si de verdad estoy seguro de haberlo alcanzado, no sabría qué decir.

Sea como fuere, siempre he pensado que alguien extremadamente inteligente o alguien con un conocimiento por encima de la media no es apto para escribir novelas, porque hacerlo —ya sea un relato o cualquier otro tipo de narración— es un trabajo lento, de marchas cortas, por así decirlo. Para explicarlo mejor, y sirviéndome de un ejemplo concreto, diría que la velocidad es solo un poco superior a la de caminar e inferior a la de ir en bicicleta. Hay personas que son capaces de adaptar bien ese ritmo al funcionamiento natural de su mente, pero hay otras que no.

La mayoría de las veces los escritores expresan algo que está en su mente o en su conciencia en forma de narración. La diferencia entre lo que existe en su interior y ese algo nuevo que emerge supone un desajuste del que se servirá el escritor como si fuera una especie de palanca. Es una operación laboriosa, compleja, poco directa.

Si quien escribe es alguien con un mensaje claro y bien definido en su mente, no tendrá necesidad de transformarlo en una narración. Es mucho más rápido y eficaz verbalizar esa idea de manera directa. De ese modo resulta mucho más fácil de entender para el público en general. Una idea o un mensaje que puede llegar a tardar medio año hasta tomar la forma de una novela, expresado de un modo directo tal vez puede completarse en tres días. Incluso la persona adecuada, con un micrófono en mano, puede improvisar un mensaje claro en menos de diez minutos. Alguien con la suficiente inteligencia sería perfectamente capaz de hacerlo y su audiencia le entendería enseguida. A eso me refiero cuando hablo de alguien inteligente.

En el caso de una persona con extensos conocimientos, no necesitará servirse de un «recipiente» extraño como las narraciones, que por naturaleza suelen ser algo enmarañado. Tampoco le hará falta imaginar determinadas circunstancias partiendo de cero. Al verbalizar sus conocimientos mediante combinaciones lógicas y argumentos, quienes le escuchen entenderán admirados, a la primera, lo que dice.

La razón de que muchos críticos literarios sean incapaces de entender una determinada novela o una narración —o, en el caso de hacerlo, de que sean incapaces de verbalizar de una manera lógica y comprensible lo que han entendido— es precisamente esa. En general son más inteligentes y agudos que los propios escritores y a menudo son incapaces de sincronizar el movimiento de su inteligencia con el de un vehículo que se desplaza poco a poco, como sucede con las narraciones. La mayoría de las veces se ven obligados a adaptar el ritmo de la narración al suyo para explicar después con una lógica propia ese texto «traducido». Hay ocasiones en que ese trabajo es adecuado y otras en que no. A veces funciona y a veces no. En el caso de textos con un ritmo lento, que además encierran múltiples significados, interpretaciones y sentidos profundos, ese trabajo de traducción se torna aún más difícil, y lo que resulta de ese proceso estará inevitablemente deformado.

Sea como fuere, he visto con mis propios ojos cómo personas inteligentes —la mayoría de ellos con otras profesiones— han escrito dos o tres novelas y después han emigrado a alguna otra parte. En general crearon obras brillantes, bien escritas. Algunas hasta ocultaban sorpresas acertadas e irradiaban frescura. No obstante, y a pesar de algunas excepciones, casi nadie se ha quedado demasiado tiempo en el ring de los escritores. Tengo la impresión, incluso, de que solo vinieron de visita con la intención de marcharse pronto.

Alguien con talento tal vez pueda escribir una novela con cierta facilidad, pero no creo que le resulte muy ventajoso hacerlo. Imagino que después de escribir una o dos se dicen a sí mismos: «¡Ah, ya veo! ¿Eso es todo?». Luego se marchan a otro lugar con la idea de que allí encontrarán un rendimiento mayor.

Comprendo ese sentimiento. Escribir novelas es ciertamente un trabajo con un rendimiento muy escaso. Consiste en una constante repetición de un «por ejemplo». Tomemos por caso un tema que un escritor determinado transforma en una frase. Empezará diciendo: «Eso significa tal cosa...». No obstante, si en la paráfrasis que ha construido hay algo que no está claro o resulta enmarañado, de nuevo se verá obligado a explicarse con un: «Por ejemplo, eso quiere decir tal cosa...». El proceso de explicarse mediante ejemplos no tiene fin, supone una cadena infinita de paráfrasis, como una muñeca rusa de cuyo interior siempre brota una más pequeña. Tengo la impresión de que no hay otro trabajo tan indirecto y de escaso rendimiento como el de escribir novelas. Si uno es capaz de verbalizar con claridad un tema determinado, no tiene ninguna necesidad de empeñarse en el trabajo infinito de las paráfrasis. Expresado de un modo quizás extremo, se puede decir que los escritores son seres necesitados de algo innecesario.

Sin embargo, en ese punto indirecto e innecesario existe una verdad por muy irreal que pueda parecer. Aun a riesgo de enfatizar, diré que los escritores afrontamos nuestro trabajo con esa firme convicción, de manera que no me parece descabellada la idea que tienen algunos de que los escritores no hacen ninguna falta en este mundo. De igual modo entiendo a quienes afirman, en sentido contrario, que las novelas son imprescindibles en el mundo en que vivimos. En función del tiempo del que disponga cada cual y de su punto de vista, su opinión se inclinará hacia un lado o hacia otro.

Para expresarlo de un modo más preciso, diré que en nuestra sociedad hay muchas capas superpuestas formadas por elementos ineficientes y de poco rendimiento y también por elementos eficientes y muy precisos. Cuando falta alguno de esos elementos (al romperse el equilibrio entre ellos), el mundo se deforma sin remedio.

Solo es una opinión personal, pero escribir una novela me parece, en esencia, un trabajo bastante «torpe». Apenas hay nada que destaque por su inteligencia intrínseca, tan solo se trata de tocar y retocar frases hasta descubrir si funcionan o no, y para hacerlo no queda más remedio que encerrarse en una habitación. Ya puedo escribir una frase con una precisión remarcable después de un día entero sin levantarme de la mesa de trabajo, que nadie me va a felicitar por ello. Nadie me va a dar una palmadita en el hombro. Como mucho asentiré en silencio convenciéndome a mí mismo del trabajo bien hecho. Cuando todo ese esfuerzo termina por convertirse en un libro, quizá ni un solo lector caiga en la cuenta del trabajo y del esfuerzo que implica la precisión de esa frase concreta. En eso consiste escribir novelas, en afrontar un trabajo lento y sumamente fastidioso.

Hay quienes se dedican durante todo un año a construir maquetas de barcos en miniatura dentro de botellas de cristal con unas pinzas muy largas. El trabajo de escribir una novela es algo parecido. Yo no tengo la habilidad necesaria para hacer maquetas de barcos dentro de botellas de cristal, pero entiendo y comparto el profundo significado de una actividad que tanto se parece a la mía. Para escribir una novela larga, la minuciosa atención a los detalles y la necesidad de encerrarse en una habitación se imponen a cualquier otra cosa día tras día. Parece una actividad sin fin, pero no se puede alargar mucho en el tiempo a menos que a uno le vaya algo en ello, que ponga un empeño desmedido o que no le cueste demasiado.

De niño leí una novela que trataba de dos hombres que iban a contemplar el monte Fuji. Uno de los protagonistas, el más inteligente de los dos, observaba la montaña desde diversos ángulos y regresaba a casa después de convencerse de que, en efecto, ese era el famoso monte Fuji, una maravilla, sin duda. Era un hombre pragmático, rápido a la hora de comprender las cosas. El otro, por el contrario, no entendía bien de dónde nacía toda esa fascinación por la montaña y por eso se quedó allí solo y subió hasta la cima a pie. Tardó mucho tiempo en alcanzarla y le supuso un considerable esfuerzo. Gastó todas sus energías y terminó agotado, pero logró comprender físicamente qué era el monte Fuji. En realidad, fue en ese momento cuando fue capaz de entender la fascinación que producía en la gente.

Ser escritor (al menos en la mayoría de los casos) significa pertenecer a esa categoría que representa el segundo de los protagonistas. Es decir, no ser extremadamente inteligente. Somos ese tipo de personas que no entienden bien la fascinación que despierta el Fuji a menos que subamos hasta la cima por nuestros propios medios. La naturaleza de los escritores conlleva en sí misma no llegar a entenderlo del todo después de subir varias veces, incluso estar cada vez más perdidos con cada nueva ascensión. La cuestión que se plantea en ese sentido no es la del rendimiento o la eficacia. En cualquier caso, no es algo en lo que se empeñaría una persona de verdad inteligente.

Por eso a los escritores no nos sorprende cuando alguien con otra profesión escribe una novela brillante, cuando llama la atención del público, de la crítica y se convierte de la noche a la mañana en un *best seller*. No nos sentimos amenazados y menos aún enfadados. Al menos eso creo. En el fondo sabemos que ese tipo de personas difícilmente se dedicarán a escribir novelas durante mucho tiempo. Una persona inteligente tiene un ritmo adecuado a su inteligencia; una persona con muchos conocimientos, lo mismo. En la mayor parte de los casos sus ritmos no se adecúan al extenso lapso de tiempo imprescindible para escribir una novela.

Por supuesto que hay personas muy brillantes e inteligentes en el gremio de escritores profesionales. También los hay muy agudos y perspicaces, capaces no solo de aplicar su inteligencia a un ámbito general, sino también a uno específico como es el de escribir novelas. En mi opinión, sin embargo, el tiempo que se puede dedicar la inteligencia a la escritura de novelas —para entendernos, la «fecha de caducidad como escritor»— creo que abarca, como mucho, un periodo de diez años. Pasado ese tiempo, hace falta una cualidad más grande y duradera que sustituya a la inteligencia. Dicho de otro modo, en determinado momento hay que dejar de cortar con una navaja y empezar a hacerlo con un hacha. Por si fuera poco, enseguida se plantea la necesidad de cambiar a una más grande. La persona que supera todos esos cambios y exigencias se convertirá en un escritor más grande capaz de sobrevivir a su época. Quienes no sean capaces de superar esos hitos terminarán por desvanecerse a mitad del camino o verán su existencia reducida cada vez a un espacio más pequeño. En cualquier caso, pueden instalarse sin demasiados problemas en el lugar que corresponde a las personas inteligentes.

Para los escritores mantenerse sin dificultades en el lugar donde deben estar es casi sinónimo de muerte creativa. Los escritores somos como ese tipo de pez que muere ahogado si no nada sin descanso.

Por eso admiro a los escritores que nadan incansables durante mucho tiempo. Tengo una lógica predilección por determinadas obras, pero la esencia de esa admiración reside en que ser capaces de mantenerse activos durante muchos años y ganarse un público fiel se debe a que poseen algo fuera de lo común. Escribir novelas responde a una especie de mandato interior que te impulsa a hacerlo. Es pura perseverancia y resistencia, apoyadas en un prolongado trabajo en solitario. Me atrevo a decir que son las cualidades y requisitos fundamentales de todo escritor profesional.

Escribir una novela no es tan difícil. Tampoco escribir una buena novela. No digo que sea fácil, pero, desde luego, no es algo imposible. Sin embargo, hacerlo durante mucho tiempo, sí. No todo el mundo es apto porque son necesarias esas cualidades de las que ya he hablado antes. Tal vez sea algo muy distinto a eso que llamamos «talento».

En ese caso, ¿cómo saber si uno dispone o no de esas cualidades? Solo hay una forma de encontrar la respuesta: tirarse al agua y comprobar si flotamos o nos hundimos. Parecerá brusco plantearlo así, pero no veo otro modo de hacerlo. Además, si uno no se dedica a escribir novelas, la vida se puede vivir de una forma más inteligente y eficaz. Solo las personas que a pesar de todo quieren escribir o no pueden dejar de hacerlo terminan por dedicarse a ello sin una fecha límite. Como escritor, doy la bienvenida de corazón a todo el que quiera entrar en este mundo.

¡Bienvenidos al ring!

2

Acerca de cuándo me convertí en escritor

Me estrené como escritor cuando tenía treinta años, después de ganar el premio al mejor escritor novel de la revista literaria *Gunzo*. En aquel entonces ya tenía cierta experiencia vital, aunque no la suficiente, creo. Mis vivencias eran algo distintas a las de una persona, digamos, normal. En general, las personas que se consideran dentro de la «normalidad» finalizan sus estudios en primer lugar, después buscan un empleo y, más tarde, una vez que se establecen en el trabajo, se casan. Mi intención inicial era seguir esos pasos. Imaginaba que sucedería algo así, porque me parecía el orden natural de las cosas, de la vida de la gente. Además, no tenía ni el impulso ni la audacia suficientes para ir contra corriente (para bien o para mal). Sin embargo, lo primero que hice fue casarme, después la necesidad me obligó a trabajar y, más adelante, con muchas dificultades, pude terminar mis estudios universitarios. Es decir, la sucesión de acontecimientos en mi vida fue totalmente al revés de lo que se suponía que era lo normal, del orden establecido. No sé cómo explicarlo. Podría argumentar que fueron las circunstancias, que fue algo inevitable. La vida no transcurre como uno la imagina.

En cualquier caso, primero me casé (omito los detalles de por qué lo hice para no extenderme) y abrí un bar porque no quería trabajar en una empresa (y también omito las razones de por qué no quería trabajar en una empresa, pues resultaría demasiado largo). En el bar poníamos música de jazz, servíamos café, alcohol y algo de comer. Puedo decir que en aquel momento de mi vida estaba enganchado al jazz (también ahora lo escucho muy a menudo) y por eso quería abrir un local donde escuchar música de la mañana a la noche. Obviamente, no tenía los recursos económicos para emprender el negocio por mí mismo; me había casado siendo aún universitario. Mi mujer y yo nos esforzamos mucho durante tres años en todo tipo de trabajos con el objetivo de ahorrar lo máximo posible. Al cabo de ese tiempo, pedí dinero prestado a mucha gente y, con la suma que reunimos, abrimos el bar junto a la salida sur de la estación Kokubunji. Era el año 1974.

En aquella época, por fortuna, para abrir un bar no hacía falta tanto dinero como hoy en día. Por eso, quienes como yo no querían trabajar en una empresa ni dejarse atrapar por el sistema, abrían pequeños negocios en distintos lugares: cafeterías, restaurantes, tiendas de objetos de regalo, librerías, por ejemplo. Cerca del bar había otros negocios parecidos de gente de mi generación. Vagabundeaban por allí numerosos tipos de sangre caliente que habían participado en los movimientos estudiantiles de finales de los sesenta. Tengo la impresión de que aún quedaban bastantes huecos en el mundo, y cuando uno encontraba el que le resultaba adecuado, sobrevivía. Era una época convulsa y al mismo tiempo interesante.

Me llevé al bar mi piano vertical y los fines de semana organizaba conciertos. Alrededor del distrito de Musashino vivía una gran cantidad de músicos de jazz, que se animaban a tocar aunque el caché no fuera gran cosa. Hoy en día muchos de ellos se han convertido en músicos famosos, pero entonces éramos jóvenes y ansiábamos hacer cosas a pesar de que nadie, lamentablemente, ganó dinero con ello.

Aunque hacía las cosas que me gustaban, las deudas me acuciaban y me costaba muchísimo pagarlas. No solo debía dinero a mis amigos, también al banco. Los préstamos de los amigos pude devolverlos al cabo de algunos años con un poco de interés. Trabajaba de la mañana a la noche y apenas ganaba para comer. Había cierta lógica en ello, era justo. Entonces llevábamos (me refiero a mi mujer y a mí) una vida modesta, casi espartana. No teníamos televisión, ni radio, ni tan siquiera un despertador. Apenas podíamos calentarnos las noches de invierno y nos apretujábamos con los gatos para al menos entrar en calor. También ellos, la verdad, se acercaban desesperados a nosotros.

Una noche caminábamos cabizbajos por la calle, abatidos ante la imposibilidad de juntar el dinero para afrontar el pago de una cuota al banco, cuando encontramos un montón de billetes arrugados que alguien había perdido. No sé si llamarlo sincronización, casualidad, destino o lo que sea, pero, por extraño que parezca, era la cantidad exacta que nos hacía falta. De no satisfacer la cuota al día siguiente, el plazo se habría agotado, así que aquello nos salvó la vida. (No sé bien por qué, pero a veces me suceden este tipo de cosas.) Honestamente, tendría que haberle entregado el dinero a la policía, pero en aquel momento ni siquiera estaba en condiciones de guardar las apariencias. Es tarde para pedir perdón, pero quiero aprovechar la ocasión para disculparme... Me gustaría compensar de algún modo lo que hice.

No quiero contar la historia de mis padecimientos, solo pretendo decir que en mi época de juventud, de los veinte a los treinta años, llevé una vida muy dura. Habrá infinidad de personas que han tenido una vida aún más dura que la mía y es posible que estas cosas mías solo les susciten comentarios del tipo: «¡Bah!, eso no se puede considerar una vida dura». De algún modo, creo que tendrían razón si lo hicieran. No obstante, las cosas me resultaron muy difíciles. Eso es lo único que quiero transmitir.

A pesar de todo fue divertido. Lo digo con absoluta certeza. Era joven, estaba sano, podía escuchar la música que más me gustaba de la mañana a la noche y, aunque el negocio era pequeño, era mío. No tenía necesidad de subirme casi de madrugada a un tren abarrotado de gente para ir al trabajo; no me hacía falta asistir a aburridas e interminables reuniones. Tampoco agachar la cabeza frente a un jefe que no me gustaba. Por si eso no fuera suficiente, tenía la oportunidad de conocer a mucha gente divertida e interesante.

Otra cuestión fundamental es que aquella vida me permitió adquirir experiencia social. Dicho así puede sonar un tanto pueril, pero con ello me refiero a que me hice adulto. Me di contra la pared en muchas ocasiones y a duras penas logré evitar situaciones peligrosas. A veces recibía amenazas e incluso en alguna ocasión se hicieron realidad. A menudo me dominaba la rabia. En aquel entonces, solo por el hecho de dedicarme a ese tipo de negocio notaba a mi alrededor cierto desprecio desde un punto de vista social. Tenía que trabajar muy duro y encima no me quedaba más remedio que mantener la boca cerrada. Me tocó echar del bar a muchos borrachos que perdían los papeles, y si se armaba follón, tan solo podía meter la cabeza entre los hombros y aguantar. Apenas me daba para mantenerme a flote y saldar mis deudas.

Sin embargo, salí adelante y esa dura etapa quedó atrás. Sobreviví sin grandes secuelas. Llegué a un lugar menos escarpado y más abierto que antes. Para que resulte más sencillo diré que a partir de cierto momento tomé aliento, miré a mi alrededor y me vi a mí mismo de pie en mitad de un paisaje nuevo. Entonces tomé conciencia de que era más fuerte y un poco más inteligente (por poco que fuera).

No pretendo decir que haya que sufrir en la vida y aguantar todo lo que se pueda. Honestamente, me parece que es mucho mejor no sufrir que hacerlo. El sufrimiento no tiene nada de bueno y puede conducir a determinadas personas a perder su impulso vital y a ser incapaces de recuperarse. A quienes estén atravesando en estos momentos de su vida circunstancias difíciles que les provoquen sufrimiento me gustaría decirles: «Puede que ahora sea duro, pero es muy posible que en el futuro tenga consecuencias positivas». No sé si servirá de consuelo, pero me parece importante insistir en la necesidad de avanzar, de no decaer, de no abandonar nunca ese punto de vista.

Al pensar en ello ahora, con la perspectiva que te dan los años, me doy cuenta de que entonces yo no era más que un chico del montón. Me crie en una tranquila zona residencial entre Osaka y Kobe, nunca tuve problemas fuera de lo normal y mis notas en la escuela eran buenas a pesar de que no estudiaba demasiado. Desde pequeño me gustaba mucho leer y siempre que tenía un libro entre las manos leía con entusiasmo. No creo que hubiera nadie que leyera tanto como yo ni en la escuela secundaria ni en el instituto. También me gustaba la música y escuchaba de todo. Como es lógico, apenas sacaba tiempo para estudiar. Era hijo único, mis padres me trataron bien (como se suele decir, me crie entre algodones). No recuerdo experiencias dolorosas. Digamos que no sabía nada de la vida.

A finales de 1970 me matriculé en la Universidad de Waseda y me instalé en Tokio. Era la época de las revueltas estudiantiles y a menudo la universidad estaba cerrada, ya fuera por las huelgas promovidas por los estudiantes o por cierres patronales. Apenas teníamos clases y gracias a eso llevaba una vida disparatada.

Nunca me ha gustado unirme a otras personas para hacer algo en grupo, es mi carácter, por eso nunca me integré en ninguna asociación a pesar de que, en esencia, apoyaba al movimiento estudiantil y actué en la medida de mis posibilidades individuales. Sin embargo, cuando los conflictos entre las distintas asociaciones y facciones que luchaban contra el sistema establecido se agudizaron y empezaron a matarse entre ellos arrastrados por una ola incontrolada de violencia, me sentí profundamente decepcionado, como les sucedió a muchos otros jóvenes. (En una de las clases que frecuentábamos los estudiantes de letras, mataron a un chico que nunca había manifestado ninguna opinión política.) En la esencia misma de aquel movimiento me pareció ver algo equivocado, incorrecto, un giro viciado que les había hecho perder su sana imaginación. Al final, después del temporal de violencia, lo que quedó en nuestro corazón fue una gran desilusión, un sabor de boca horrible. Por muchos eslóganes ingeniosos que se inventaran, a pesar de los hermosos mensajes que flotaban en el ambiente, sin un espíritu ni una moral capaces de sostener lo que era realmente correcto y bello, todo se convertía en una sucesión de palabras hueras. La experiencia me lo enseñó y aún estoy convencido de ello. Las palabras tienen poder y ese poder hay que saber usarlo de una forma correcta. Como mínimo deben ser justas e imparciales. No pueden caminar solas.

Todo aquello me impulsó a adentrarme una vez más en territorios más individuales y allí me instalé. Me refiero al territorio de los libros, de la música y el cine. Por aquel entonces trabajaba en un negocio abierto veinticuatro horas en el barrio de Kabukicho, en el distrito de Shinjuku, y allí conocí a mucha gente. No sé cómo estará en la actualidad, pero en aquella época por Kabukicho deambulaba de noche mucha gente inquietante. Sucedían cosas divertidas, interesantes, peligrosas e incluso terribles. En esos lugares diversos, vivos, a veces sospechosos y violentos, aprendí más sobre la vida y desarrollé más mi inteligencia que en las clases de la universidad o en esos círculos donde suelen reunirse personas con intereses comunes. En inglés existe el término *streetwise,* la sabiduría de la calle, que se refiere a esa inteligencia práctica adquirida por alguien capaz de sobrevivir en una ciudad. Mi carácter, al fin y al cabo, se adecuaba mejor a algo que permite poner los pies en el suelo que a las ciencias o las artes. A decir verdad, los estudios universitarios apenas despertaron mi interés.

Como ya estaba casado y había empezado a trabajar, no le veía sentido a esforzarme para obtener un título, pero en la Universidad de Waseda entonces solo se pagaba por el curso en el que uno estaba matriculado y no me faltaban muchos créditos para terminar, de manera que iba a clase cuando el trabajo me dejaba algo de tiempo libre. Logré graduarme con más pena que gloria al cabo de siete años. El último año me matriculé en un curso sobre Jean Racine impartido por el profesor Shinya Ando, pero no cubría las asistencias obligatorias y estaba a punto de perder los créditos. Fui a verle a su despacho y le expliqué mi situación: estaba casado y trabajaba todos los días, lo cual me impedía asistir a clase. El profesor se tomó la molestia de venir a mi bar en Kokubunji y se marchó después de decirme: «No se puede negar que tienes una vida ocupada». Al final me aprobó y obtuve los créditos necesarios. Fue muy considerado conmigo. En aquella época (no sé qué ocurrirá ahora) había en la universidad muchos profesores tan generosos como él, pero lo cierto es que no recuerdo nada del contenido de su curso y lo lamento.

Tres años después de abrir mi negocio en el sótano de un edificio junto a la salida sur de la estación de Kokubunji, tenía algunos clientes fijos y era capaz de devolver los préstamos sin demasiadas dificultades. Pero un buen día el dueño del edificio dijo que quería reformarlo y que debíamos marcharnos. No nos quedó más remedio que dejar Kokubunji (no resultó sencillo, más bien todo lo contrario, aunque explicarlo en detalle supondría extenderme demasiado) y nos trasladamos a Sendagaya, en el centro de Tokio. Estaba bien en el sentido de que el local era más amplio y luminoso, con suficiente espacio para un piano de cola.

De nuevo tuvimos que endeudarnos. No podíamos establecernos tranquilamente. (Echo la vista atrás y ese parece haber sido el *leitmotiv* de mi vida.)

En resumen, de los veinte a los treinta años no hice más que trabajar de la mañana a la noche para saldar deudas. De aquella época solo recuerdo trabajo, trabajo y más trabajo. Imagino que los veinte años, en condiciones normales, constituyen uno de los momentos más divertidos de la vida, pero en mi caso apenas tuve margen de disfrutar de la juventud por falta de tiempo y de recursos económicos. Cuando arañaba un poco de tiempo libre, me ponía a leer algún libro. Por muy ocupado que estuviera, por muy apretada que resultara mi vida, leer suponía la misma alegría que escuchar música. Nadie pudo robarme nunca aquel placer.

Fue al acercarme a los treinta años cuando el negocio en Sendagaya por fin empezó a asentarse. Aún tenía deudas y según la época las pérdidas y las ganancias se alternaban. No podía relajarme, pero al menos comprendí que con esfuerzo podía ser el dueño de mi vida.

No creo tener un talento especial para los negocios y tampoco me considero especialmente simpático, más bien al contrario, tengo un carácter poco sociable, de manera que el trato con los clientes no es mi fuerte. Una de mis virtudes, sin embargo, es que dedico todas mis energías a lo que me gusta y no me quejo. Creo que esa es la clave para que el bar más o menos funcionara. Me gusta mucho la música y, en esencia, me sentía feliz si podía trabajar con música. No obstante, cuando quise darme cuenta, tenía la treintena a la vuelta de la esquina. La juventud se me acababa y recuerdo que sentí una gran extrañeza y que pensé: «Ya entiendo. Es así como vuela el tiempo de la vida».

Una tarde soleada del mes de abril de 1978 fui a ver un partido de béisbol al estadio de Jingu. Era el primer partido de la temporada de la liga central entre los Tokyo Yakult Swallows y los Hiroshima Toyo Carp. Empezó sobre la una del mediodía. Yo era un fiel seguidor del equipo tokiota. No vivía lejos del estadio e iba a menudo a ver los partidos cuando salía a dar un paseo.

Por entonces, los Tokyo Yakult Swallows eran un equipo más bien flojo que no lograba salir de la categoría B. Tenían un presupuesto escaso y ninguna estrella destacada. Como es lógico, el número de seguidores no daba para mucho, y aunque era el partido inaugural de la temporada, gran parte de la grada exterior estaba vacía. Yo me había tumbado y miraba el partido mientras bebía una cerveza. La grada exterior del estadio por aquella época no tenía asientos. Era una especie de elevación cubierta de césped. Recuerdo que me sentía bien. El cielo estaba despejado, la cerveza fría, y la pelota blanca destacaba contra el fondo verde del césped del terreno de juego, al que hacía tiempo que no acudía. El béisbol habría que verlo siempre en vivo en los estadios, la verdad.

El primer bateador de los Tokyo Yakult era un jugador estadounidense desconocido y muy delgado que se llamaba Dave Hilton. Era el primero en el turno de bateo. El cuarto era Charles Manuel, que más tarde alcanzaría la fama como entrenador del Philadelphia Phillies, aunque entonces solo era un bateador potente y gallardo al que los aficionados japoneses conocíamos como el «Diablo Rojo». Me parece que el primer lanzador de los Hiroshima era Satosi Takahashi y de los Tokyo Yakult, Yasuda. En la primera entrada, cuando Takahashi lanzó la primera bola, Hilton bateó hacia el lado exterior izquierdo y alcanzó la segunda base. El golpe de la pelota contra el bate resonó por todo el estadio y levantó unos cuantos aplausos dispersos a mi alrededor. En ese preciso instante, sin fundamento y sin coherencia alguna con lo que ocurría a mi alrededor, me vino a la cabeza un pensamiento: «Eso es. Quizás yo también pueda escribir una novela».

Aún recuerdo la sensación. Fue como agarrar con fuerza algo que caía del cielo despacio, dando vueltas. Desconozco la razón de por qué cayó aquello entre mis manos. No lo entendí en aquel momento y sigo sin entenderlo ahora. Fuera cual fuese la razón, simplemente sucedió. No sé cómo explicarlo, fue una especie de revelación. En inglés existe la palabra *epiphany*, epifanía. Traducida al japonés adquiere un significado difícil de entender que hace referencia a la aparición repentina de una esencia o a la comprensión intuitiva de determinada verdad. Expresado con mis propias palabras, diría que un buen día se me apareció algo de repente y eso lo cambió todo. Es justo lo que me sucedió aquella tarde. Después de eso, mi vida se transformó por completo. Ocurrió en el mismo instante en el que Dave Hilton dio con su bate un preciso y certero golpe a la pelota en el estadio de Jingu.

Después del partido (creo recordar que ganó el equipo local), me subí a un tren de cercanías para ir a una papelería del centro y compré un cuaderno y una pluma (de la marca Sailor, que me costó dos mil yenes). Aún no existían los procesadores de textos ni los ordenadores. No quedaba más remedio que escribir a mano ideograma tras ideograma. Sin embargo, en el hecho de escribir a mano había una enorme sensación de frescura. El corazón me brincaba de emoción. Hacía mucho tiempo que no escribía en un cuaderno con una pluma.

Aquella misma noche empecé a escribir mi primera novela sentado a la mesa de la cocina después de cerrar el bar. A excepción de esas pocas horas antes del amanecer, apenas disponía de tiempo libre. De ese modo, durante casi medio año, escribí *Escucha la canción del viento* (en un principio la había titulado de otra manera). Al concluir la novela, la temporada de béisbol estaba a punto de terminar. A propósito, ese año los Tokyo Yakult Swallows ganaron la liga contra todo pronóstico imponiéndose a los Hankyu Braves, que eran, sin duda, el equipo a batir y contaban con los mejores lanzadores de la liga japonesa. Fue una temporada milagrosa y sorprendente.

Escucha la canción del viento es una novela corta con una extensión inferior a las doscientas páginas manuscritas. A pesar de todo, me costó mucho trabajo terminarla. Una de las razones es que no disponía del suficiente tiempo para dedicarme a ella, pero sobre todo se debió a que no tenía la más mínima idea de cómo se escribía una novela. Estaba enganchado a las novelas rusas del siglo XIX y a las novelas negras norteamericanas. No había leído sistemáticamente literatura japonesa contemporánea (es decir, eso que llamaban literatura pura) y, por tanto, no sabía lo que se leía en Japón entonces ni tampoco cómo escribir en mi propio idioma según determinado canon.

No obstante, tras varios meses de esfuerzo continuado, supuse que estaba escribiendo algo parecido a una novela; sin embargo, al enfrentarme al resultado, enseguida comprendí que no valía gran cosa. Fue una enorme decepción. No sé cómo explicarlo. Aquello cumplía de alguna manera con los requisitos formales de una novela, pero no era una lectura interesante. Al llegar a la última página no dejaba ningún poso en el corazón. Si yo sentía eso, que era quien la había escrito, para unos hipotéticos lectores sería aún peor. Me dije a mí mismo: «Parece que no tengo talento para escribir». Me deprimí. En condiciones normales habría renunciado sin más, pero aún sentía en las manos el tacto de la epifanía que me había alcanzado de lleno en el estadio Jingu.

Visto desde la distancia, es natural que fuera incapaz de producir algo decente. Nunca antes lo había hecho y es prácticamente imposible lograrlo a la primera. «Renuncio a escribir algo sofisticado», me dije a mí mismo. «Olvida todas tus ideas preconcebidas sobre las novelas y la literatura y escribe a placer con total libertad sobre lo que sientes, sobre lo que ocurre en tu mente.»

Sin embargo, no resulta tan sencillo escribir con libertad y a placer lo que uno siente o lo que se le cruza por la cabeza. De hecho, es extremadamente difícil, y en especial para una persona sin experiencia. Para volver a empezar con una frescura renovada, lo primero que hice fue dejar a un lado el cuaderno y la pluma. Cuando uno tiene delante una pluma y un cuaderno, es inevitable ver en esos objetos cierta pose literaria. Saqué del armario una máquina de escribir Olivetti con teclado alfabético y a modo de ensayo me puse a escribir en inglés el arranque de una nueva historia. Me daba igual el resultado, solo quería algo que se saliese de lo normal.

Mi capacidad para escribir en inglés era, obviamente, limitada. Podía escribir frases cortas con una estructura gramatical más bien simple. Por muchas emociones complejas que albergase, no podía expresarlas tal cual. Me servía de las palabras más sencillas posibles para transmitir contenidos no tan sencillos. El lenguaje debía ser simple, las ideas estar expresadas de un modo fácil de entender, debía eliminar todo lo superfluo en las descripciones hasta transformar el contenido en algo compacto que cupiera en un recipiente limitado. El resultado era considerablemente tosco, pero avanzar con esas dificultades dio lugar a una especie de ritmo en las frases que constituía un estilo propio.

Nací con el japonés como lengua materna, por lo que mi sistema lingüístico se compone de palabras y expresiones en japonés que se amontonan como animales inquietos en una cuadra. Cuando intento construir frases a partir de un paisaje interior o a partir de determinado sentimiento, ese sistema, esos «animales» van de acá para allá y terminan colisionando. Por el contrario, si me propongo escribir en otro idioma como el inglés, eso no ocurre porque las palabras y las estructuras gramaticales están limitadas. Lo que descubrí entonces fue que a pesar de las limitaciones, si uno combina eficazmente los elementos de los que dispone y expresa sus sentimientos a través de esas combinaciones, puede hacerse entender sin problemas. En resumen, lo que quiero decir es que no hace falta recurrir a palabras difíciles ni a giros complejos para que la gente te entienda.

Más adelante descubrí que Agota Kristof había escrito unas novelas excelentes valiéndose de un estilo y unos recursos parecidos. Era húngara, pero después de la revolución de 1956 se exilió en Suiza y no le quedó más remedio que ponerse a escribir en francés. De haberlo hecho en su idioma natal no habría logrado nada. El francés era para ella una lengua extranjera aprendida de adulta (por pura necesidad), pero al utilizarla para escribir descubrió un estilo peculiar, una voz propia. Sus obras tenían un ritmo vivo basado en frases cortas, en palabras directas, francas, sin ambigüedades, en descripciones precisas sin intenciones ocultas. A pesar de todo, sus obras desprendían una atmósfera enigmática, como si escondieran algo bajo la superficie. Recuerdo bien que cuando la leí sentí nostalgia, aunque su intención era bien distinta. Por cierto, su primera novela, *El gran cuaderno,* se publicó siete años después de *Escucha la canción del viento.*

Cuando descubrí lo divertido que me resultaba escribir en un idioma extranjero y con un ritmo propio, guardé la Olivetti en el armario y saqué de nuevo el cuaderno y la pluma. Me senté a la mesa de la cocina para traducir al japonés lo que había escrito en inglés, que tenía una extensión aproximada de un capítulo. Aunque digo traducción, no lo era en un sentido estricto, sino, más bien, algo parecido a un trasplante. Inevitablemente de allí brotó un nuevo estilo en japonés. Un estilo mío. Lo había descubierto por mí mismo y en ese instante comprendí que funcionaba al escribir así en mi idioma. Fue como si se me cayera una venda de los ojos.

A veces me dicen que mi forma de escribir tiene un deje como de traducción. No entiendo bien a qué se refieren, pero creo que hay algo de cierto en ello y, al mismo tiempo, que no lo hay. Es verdad que traduje el primer capítulo de mi primera novela del inglés al japonés, pero solo fue parte de un proceso. Lo que pretendía en realidad era conquistar un estilo neutro y dinámico que me permitiese moverme con libertad y en el que todo lo superfluo quedase eliminado. No quería escribir en un japonés «desvaído», sino desarrollar un lenguaje propio alejado de lo que se entendía por norma o por «literatura pura». Lograrlo exigía unas medidas extremas. De algún modo, en aquel momento mi idioma solo era una herramienta puramente funcional.

Mis críticos se lo han tomado siempre como una ofensa hacia la lengua japonesa y me han acusado muy a menudo de ello. Pero el idioma es fuerte por naturaleza. Tiene un carácter resistente acreditado por una larga historia. Por mucho que alguien lo violente, nunca perderá su identidad. Probar distintas posibilidades y forzar sus límites es un derecho inherente a todos los escritores. Sin ese espíritu aventurero nunca nacerá nada nuevo. En ese sentido, mi lengua materna sigue siendo para mí una herramienta, y al sondear en sus posibilidades creo que contribuyo de algún modo a la regeneración del idioma. Mi estilo difiere mucho del de Tanizaki o Kawabata. Es algo natural. Al fin y al cabo, yo soy una persona distinta, un escritor independiente llamado Haruki Murakami.

Sea como sea, reescribí de principio a fin esa novela no demasiado interesante, resultado de un primer intento, y para hacerlo me serví de un estilo recién descubierto. La trama quedó más o menos igual, pero la forma cambió por completo, por lo que la impresión al leerla también fue muy distinta. El resultado final es esa obra titulada *Escucha la canción del viento*, que se puede leer actualmente y que aún sigue sin satisfacerme del todo. Cuando me enfrento al texto, tengo la impresión de que es una obra inmadura plagada de defectos. Como mucho logré transmitir el veinte o el treinta por ciento de lo que realmente me hubiera gustado decir. Pero después de terminarla de un modo medianamente satisfactorio, sentí que había hecho algo importante. De alguna forma respondí a la epifanía que me había alcanzado en el estadio.

Al escribir tenía una sensación más próxima a la de tocar música que a otra cosa, y aún hoy me cuido muy mucho de no perder de vista esa sensación. Quizá no escribo del todo con la cabeza, sino con cierto sentido corporal, como si fijase el ritmo con unos buenos acordes y me dejase llevar después por el poder de la improvisación. Cuando me sentaba a medianoche a la mesa de la cocina y me ponía a escribir (algo parecido a) una novela con un estilo recién adquirido, mi corazón palpitaba como el de quien dispone de una nueva y eficaz herramienta para sacar su trabajo adelante. Era muy divertido. Al menos me servía para llenar ese vacío que sentía en mi corazón justo antes de cumplir los treinta años.

Para entender mejor lo que ocurrió, me gustaría comparar esas dos versiones de *Escucha la canción del viento,* aunque por desgracia ya no es posible, pues me deshice hace tiempo de la primera. Apenas recuerdo cómo era. Debería haberla guardado, pero en aquel momento no me pareció necesario y la tiré a la papelera. Lo que sí recuerdo bien es que al escribirla no me divertía porque lo hacía forzando un estilo que no me salía de forma natural. Era como ponerme a hacer ejercicio con ropa varias tallas más pequeña.

Una soleada mañana de un domingo de primavera me llamaron de la revista literaria *Gunzo* (de la editorial Kodansha) para decirme que la novela que les había enviado había superado la última fase de la selección para competir por el premio al mejor escritor novel. Había transcurrido casi un año desde aquel partido de béisbol en el estadio de Jingu y ya había cumplido los treinta. Debían de ser las once pasadas, pero aún dormía profundamente porque había trabajado la noche anterior hasta muy tarde. Medio aturdido, no entendí bien lo que me decían al otro lado del teléfono. Se me había olvidado que había presentado la novela al premio. Después de terminarla y dejarla en manos de otras personas, mi ansia por escribir se había aplacado considerablemente. Digamos que la había escrito de una tacada como una especie de desafío y nunca imaginé que tuviera más recorrido. Ni siquiera había fotocopiado el manuscrito. De no haberme llamado de *Gunzo,* tal vez mi esfuerzo se habría desvanecido y nunca más hubiera vuelto a escribir nada. Sin duda, la vida es un misterio.

La persona con quien hablé me explicó que había cinco finalistas. Me quedé muy sorprendido, pero el sueño me impedía entender con claridad lo que ocurría. Me levanté y fui al baño a lavarme la cara. Me vestí y salí con mi mujer a dar un paseo. Caminábamos cerca de un colegio en Sendagaya, en plena avenida

Meiji, cuando vi una paloma mensajera a la sombra de unos arbustos. Me acerqué y me di cuenta de que tenía las alas heridas. Estaba anillada. La tomé entre las manos con cuidado y la llevamos hasta la comisaría de policía más cercana de Omotesando. Fuimos hasta allí por las calles laterales del barrio de Harajuku. Durante el trayecto, el cuerpo tibio de la paloma herida temblaba entre mis manos. Era una agradable y soleada mañana de domingo, los árboles, los edificios y los escaparates de las tiendas resplandecían bajo la luz primaveral.

De pronto me dije: «Voy a ganar ese premio, sin duda. Me convertiré en escritor y tendré cierto éxito». Parecerá una osadía, pero estaba convencido de ello. No respondía a ninguna lógica. Solo fue una intuición.

Aún recuerdo con toda claridad el tacto de aquella revelación caída del cielo que me alcanzó un mediodía de primavera hace más de treinta años en el estadio de Jingu. También el del cuerpo tibio de la paloma que recogí junto a un colegio en Sendagaya otra mañana de primavera un año más tarde. Cuando pienso en el sentido que tiene para mí escribir novelas, siempre me viene a la mente esa sensación. Para mí, el significado de esos dos recuerdos en concreto es la creencia en algo que habita dentro de mí, es la posibilidad de dar forma a algo a partir de eso. En cualquier caso, es maravilloso conservar aún esa sensación.

Sobre todo, no he perdido esa sensación divertida y agradable que experimenté al escribir mi primera novela. Me levanto temprano todos los días, preparo un café en la cocina, lo sirvo en una taza grande, me siento a la mesa y enciendo el ordenador (a veces siento añoranza de los cuadernos y de la gruesa pluma Mont Blanc que usé durante muchos años). Después me pregunto a mí mismo: «Y bien, ¿qué voy a escribir?». Es un momento de felicidad. La verdad es que nunca he sufrido por el hecho de escribir. Tampoco he pasado por ningún tipo de crisis creativa. Me parece que si escribir no resulta divertido, no tiene ningún sentido hacerlo. Soy incapaz de asumir esa idea de escribir a golpe de sufrimiento. Para mí, escribir una novela es un proceso que debe surgir de manera natural.

No me considero un genio. Tampoco me atribuyo un talento especial, aunque no niego tener algo, pues me gano la vida con esto desde hace más de treinta años. Quizá por naturaleza mi vocación o mi tendencia sea la individualidad, pero no creo que eso constituya ventaja alguna. Esos juicios es mejor dejarlos en manos de otras personas (en el caso de que existan personas capaces de hacerlos).

Lo que más he tenido en consideración a lo largo de todos estos años (y aún hoy lo sigo haciendo) es el honesto reconocimiento de que si escribo es gracias a algún tipo de fuerza que me ha sido otorgada. Atrapé esa oportunidad por puro azar y la fortuna me convirtió en novelista. Aunque sea hablar desde la perspectiva de los resultados, algo o alguien me brindó esa facultad. Solo puedo agradecer con toda honestidad lo que me ha ocurrido hasta ahora. Me enorgullece sentirme aún capaz de cuidar de esa facultad que me fue otorgada (como si cuidase de una paloma herida), de seguir escribiendo novelas. Lo que suceda a partir de ahora simplemente sucederá.

A continuación hablaré de los premios literarios. En primer lugar me referiré, en concreto, al Premio Ryūnosuke Akutagawa. No me resulta sencillo hablar de ello, pues se trata de algo real y concreto que me afecta directamente, pero quizá sea mejor hacerlo para despejar malentendidos. Creo que es mejor así. Hablar sobre el Premio Akutagawa es, tal vez, hacerlo de algún modo sobre la totalidad de los premios literarios. Y hablar sobre premios literarios equivale, en gran medida, a tratar sobre una cuestión fundamental relacionada con la literatura en la actualidad.

Leí hace poco una columna sobre este asunto en la última página de una revista literaria. En uno de los pasajes, el autor afirmaba: «El Premio Akutagawa tiene, a mi modo de ver, un considerable halo mágico, un prestigio siempre realzado cuando ciertos escritores se ponen a alborotar cuando no lo ganan. Su autoridad queda aún más patente porque existen escritores como Haruki Murakami que se alejan voluntariamente del mundo literario al no poder hacerse con él». La columna la firmaba Soma Yuyu, seudónimo de otra persona, por supuesto.

Ciertamente, hace mucho tiempo, más de treinta años, opté al Premio Akutagawa en dos ocasiones. No lo gané en ninguna de las dos convocatorias. También es cierto que vivo y trabajo alejado del mundo literario, pero la razón de mantener esa distancia no es el hecho de no haber ganado ese premio (o haber sido incapaz de ganarlo, como se quiera), sino el desinterés y desconocimiento que me impiden meter los pies en semejante terreno. No sé qué puedo hacer cuando hay gente que se pone a buscar y a dar por hecho causas y efectos de cuestiones que no guardan relación.

Alguien escribe una columna en una revista afirmando algo así y habrá quienes crean a pies juntillas que, en efecto, Haruki Murakami tomó la determinación de alejarse del mundo literario después de no ganar el Premio Akutagawa en dos ocasiones. De hecho, se puede dar el caso de que esa idea termine por transformarse en una opinión generalizada. Me pregunto si una de las bases de la escritura no es dejar perfectamente claro cuándo algo constituye una afirmación basada en hechos o cuándo se trata de una mera suposición. Quizá debería alegrarme. Me dedico a escribir desde hace tres décadas y antes afirmaban que era el mundo literario quien me ignoraba a mí, no al contrario.

Si estoy alejado del mundo literario es, en gran medida, porque nunca tuve intención de convertirme en escritor. Llevaba una vida normal, cuando de pronto se me ocurrió escribir una novela con la que gané un premio al mejor escritor novel. No sabía nada del mundo literario, de cómo funcionaban los premios.

En aquella época, además, tenía otra profesión y me pasaba los días de aquí para allá, sin apenas un minuto libre para resolver asuntos cotidianos. No sé cómo explicarlo, pero sentía como si mi cuerpo no fuera realmente mío, no tenía margen para relacionarme con cosas que no fueran estrictamente necesarias. Desde que me convertí en escritor a tiempo completo, empecé a disfrutar de un margen más amplio. Sin embargo, enseguida adopté una forma de vida nueva que consistía en levantarme muy temprano y en acostarme pronto, y que incluía hacer ejercicio a diario. Con una rutina de vida así, es muy raro el día que salgo o estoy despierto hasta la medianoche. Nunca he ido a Golden Gai, la zona donde se dan cita los escritores, pero eso no quiere decir que sienta antipatía hacia ellos o hacia ese lugar en concreto. Cuando empecé a escribir, no tenía tiempo, y tampoco sentía la necesidad de ir a juntarme con nadie en ese lugar.

Ignoro si el Premio Akutagawa tiene cierto halo mágico o si se trata de simple autoridad. Nunca había pensado en ello hasta que leí esa columna y tampoco sé quién lo ha ganado y quién no desde que se concede. Nunca me ha interesado saberlo y hasta hoy nada ha cambiado en ese sentido (más bien, ahora tengo aún menos interés). Si, como afirmaba el autor de la columna, de verdad tiene un halo mágico, a mí desde luego no me ha alcanzado. Puede que la magia se haya perdido en alguna parte antes de encontrarme.

Opté al Premio Akutagawa con las novelas *Escucha la canción del viento* y *Pinball 1973,* pero, honestamente (y me gustaría de verdad que me creyeran), me daba igual ganarlo o no.

Cuando me dieron el premio al mejor escritor novel de la revista literaria *Gunzo* con *Escucha la canción del viento,* fue una gran alegría. Lo digo alto y claro y con total sinceridad. Supuso un hito que cambió mi vida. El premio fue el pistoletazo de salida en mi carrera de escritor. Hay una gran diferencia entre disfrutar de esa gran oportunidad o no. Ante mis ojos se abrió una puerta y las posibilidades que se me ofrecían me hicieron sentirme capaz de arreglar todo lo demás. En aquel momento de mi vida no tenía tiempo para pensar lo que ocurría o dejaba de ocurrir con el Premio Akutagawa.

Otra razón para no hacerlo era que ni siquiera yo estaba satisfecho del todo con el resultado de esas dos obras. Recuerdo que mientras las escribía sentía que apenas lograba exprimir un veinte o un treinta por ciento de mi capacidad real como escritor. Como era la primera vez en mi vida que escribía una novela, no conocía bien las bases fundamentales del oficio. Lo pienso ahora y me doy cuenta de que quizá no fue tan negativo que sucediera del modo en que lo hizo. Pero dejemos ese asunto por el momento. Lo cierto es que partes considerables de esas dos obras no me gustaban.

Por eso, ganar un premio literario al mejor escritor me pareció útil como puerta de entrada a un mundo nuevo en el que me estrenaba, pero de haber ganado el Akutagawa con obras de ese nivel, sin duda me habría cargado con un lastre innecesario. Siempre he pensado que no merecía tanto reconocimiento como escritor en aquella etapa de mi vida. Planteado de otro modo: ¿de verdad se podía ganar ese premio con obras de semejante nivel? Estaba convencido de que, si dedicaba un poco más de tiempo, podía hacer algo mucho mejor. Para alguien que no había escrito nada hasta hacía muy poco, pensar así podía resultar arrogante, pero, en mi opinión, sin cierta arrogancia es imposible convertirse en escritor.

Tanto con *Escucha la canción del viento* como con *Pinball 1973* varios medios coincidieron en señalar que eran las obras con más posibilidades de hacerse con el Premio Akutagawa. A mi alrededor todos esperaban que me lo concedieran, pero yo me sentí muy aliviado cuando no ocurrió, por la razón que he mencionado antes. Entendí perfectamente el comentario justificativo del fallo por parte del jurado. No sentí ningún tipo de rencor y tampoco se me pasó por la cabeza ponerme a comparar mis dos novelas con otras candidatas.

Entonces aún tenía mi bar de jazz en el centro de Tokio y trabajaba allí casi a diario. De hecho, me pareció que sería todo un inconveniente ganar el premio y llamar la atención de la gente. No habría significado más que revuelo y alboroto. Era un trabajo de trato directo con los clientes y no hubiera podido escabullirme de las visitas indeseadas (reconozco que no me quedó más remedio que hacerlo en alguna ocasión).

Después de optar al premio en dos ocasiones y no lograrlo ninguna de las dos, algunas personas del mundo editorial con las que tenía relación me dijeron que estaba acabado y que nunca más podría optar al Akutagawa. Recuerdo la extrañeza que me produjo pensar que todo acababa ahí. El Premio Akutagawa casi siempre ha estado orientado a escritores que empiezan su carrera. A los que ya llevan tiempo o a los consagrados, simplemente no los tienen en cuenta. Como señalaba la columna de la revista literaria a la que me refería antes, algunos nombres han llegado a optar al premio en seis ocasiones, aunque en mi caso solo fueron dos. No entiendo bien las circunstancias ni las razones para ello, pero al parecer tanto en el mundo literario como en el editorial se produjo el consenso de que Murakami estaba acabado.

A mi entender, al pensar así seguían una especie de tradición.

A pesar de que mis candidaturas no prosperaron, no me sentí especialmente desilusionado por ello. Más bien al contrario. Aliviado en gran medida, me libré del peso que representaba para mí ocuparme durante más tiempo de ese premio. Soy sincero cuando afirmo que me daba igual ganarlo o no. En general, solo recuerdo el fastidio de tener que soportar el nerviosismo de la gente más próxima a mí cada vez que se acercaba la fecha del fallo. Se creaba un ambiente extraño, una mezcla de expectación sazonada con un punto de irritación. Solo por el hecho de ser candidato, la prensa se fijó en mí con una considerable repercusión hasta terminar por convertir todo el asunto en un auténtico fastidio. Viví dos veces esa experiencia y las dos me resultaron muy pesadas. Imaginar que año tras año se iba a repetir lo mismo me deprimía.

Lo peor de aquello fue que todo el mundo pareció sentirse obligado a consolarme. Mucha gente vino a verme, se lamentaban por lo ocurrido y me daban ánimos y esperanzas para la siguiente ocasión. Entiendo su buena fe (al menos en la mayoría de los casos), pero todos esos comentarios suscitaban en mí sentimientos contradictorios que me ponían en una situación comprometida, hasta el extremo de verme obligado, al final, a ser yo quien dijera: «¡Ah! Sí, sí...». De haber admitido que me daba igual ganar o no, creo que nadie me hubiera creído. Más bien habría terminado por enrarecer el ambiente.

También resultaba un verdadero incordio la NHK, la televisión pública japonesa. Cuando me seleccionaron como candidato, no dejaron de llamarme por teléfono para insistir en que si ganaba, debía acudir a un programa a la mañana siguiente. El negocio del bar me tenía muy ocupado y no quería salir en televisión (nunca me han gustado las apariciones públicas). Rechazaba su propuesta una y otra vez, pero ellos no se daban por vencidos. Más bien al contrario. Llegaron a enfadarse conmigo al no entender la razón de mi negativa. Las dos veces que opté al premio sucedió lo mismo y las dos veces me venció la misma sensación de fastidio.

El desmesurado interés de tanta gente en el Premio Akutagawa no deja de extrañarme. Hace poco fui a una librería y me topé con una torre de libros cuyo título rezaba: *Por qué Haruki Murakami no ganó el Premio Akutagawa.* No sé de qué hablaba el libro porque no lo he leído (reconozco que me da vergüenza comprarlo), pero el mero hecho de que lo hayan publicado me produce una sensación muy extraña.

De haber ganado el premio entonces, no creo que mi vida hubiera cambiado sustancialmente, como tampoco creo que hubiera cambiado el destino del mundo. Me parece que todo sigue más o menos igual, y yo escribo de la misma manera desde hace más de treinta años, a un ritmo parecido a pesar de ciertas diferencias. Con premio o sin él, mis lectores habrían sido los mismos y mis detractores, esos a los que tanto irrito, también (al parecer está en mi naturaleza irritar a un determinado tipo de gente, no pocos, aunque no tengan ninguna relación con los premios literarios).

Si, por ejemplo, de haber ganado yo el Premio Akutagawa no se hubiera producido la guerra de Irak, obviamente habría sentido una enorme responsabilidad, pero las cosas no funcionan así. Me pregunto entonces a qué viene tanta algarabía para publicar incluso un libro que se explaya en dar cuenta de las razones de mis derrotas. Sinceramente no lo entiendo. Ganar o no ganar un premio es, como mucho, una tormenta en un vaso de agua. O, mejor dicho, un torbellino insignificante.

Afirmar eso puede llevar a mucha gente a tomárselo como un dardo envenenado, pero es que el Premio Akutagawa es solo un premio literario convocado por la editorial Bungei Shunju. Decir que organizan todo eso solo por su interés puede resultar excesivo, pero tampoco se puede negar que sacan beneficio de ello.

Mi larga experiencia como escritor me permite asegurar, no obstante, que solo cada cinco años, como poco, aparece una obra firmada por un autor novel que realmente merece la pena. Si bajamos un poco el listón, se puede admitir que ocurre cada dos o tres años, pero el hecho de que el Akutagawa se convoque dos veces al año termina por diluirlo todo. No pasa nada por convocarlo dos veces al año (el premio sirve como estímulo y gratificación a un tiempo y es útil para abrir puertas a gente nueva), pero me pregunto si merece la pena tanto alboroto, tanto acto social, tanto nerviosismo de los medios. Mi opinión personal es que todo este asunto está descompensado.

Desde esta perspectiva, me pregunto por el valor y el significado real de los premios literarios en todo el mundo, no solo en el caso del Akutagawa. Me parece que el debate no da más de sí porque los premios, desde los Oscar de Hollywood hasta el Nobel de Literatura, no tienen el fundamento objetivo cuantificable que sí tienen otras categorías más específicas. Prueba de ello es que si alguien quiere poner peros o desvivirse en alabanzas, se trate del premio que se trate, tiene el terreno libre para explayarse cuanto le plazca.

Raymond Chandler escribió lo siguiente refiriéndose al Premio Nobel: «Me pregunto si me interesa convertirme en un gran escritor, si quiero ganar el Premio Nobel. ¿Qué es eso del Nobel? Se lo han dado a demasiados escritores de segunda categoría, a autores a los que ni siquiera con ese galardón te dan ganas de leer. Además, en el caso de que me lo concedieran, tendría que vestirme de etiqueta, viajar hasta Estocolmo y dar un discurso. No sé si tantas molestias lo justifican. Me parece obvio que no».

Nelson Algren, autor de *El hombre del brazo de oro* y *Un paseo por el lado salvaje*, recibió un premio honorífico de la Academia de las Artes y Letras de Estados Unidos por recomendación de Kurt Vonnegut, pero el día de la ceremonia de entrega no se presentó porque estaba en un bar bebiendo acompañado de no se sabe qué mujeres. No lo hizo a propósito, por supuesto. Le preguntaron después qué había hecho con la medalla que le habían enviado y dijo: «Ni idea. Creo que la he dejado por ahí». Me enteré de ese episodio al leer la autobiografía de Studs Terkel, otro autor norteamericano.

Obviamente, los casos de Chandler y Algren son tan excepcionales como radicales, pues fueron hombres de vida libre y espíritu rebelde, consecuentes y coherentes; pero, a mi modo de ver, lo que pretendían dar a entender con su actitud era que hay cosas mucho más importantes para un escritor que los premios literarios. Una de esas cosas es tener claro en tu interior que con tus manos produces algo con sentido. Otra, saber que hay unos lectores que aprecian en su justa medida lo que haces, ya sean muchos o no. Para alguien con estas dos cuestiones bien claras, los premios se convierten en algo insignificante, en una especie de acto social o del mundo literario, pura formalidad.

No se puede negar, sin embargo, la evidencia de que mucha gente solo se fija en cosas con una forma concreta. La calidad de una obra literaria no se puede materializar en una forma concreta, pero un premio o una medalla parecen otorgarle una. A partir de ese momento, la gente ya puede fijarse en esa «forma» concreta, pero no por ello deja de ser un formalismo sin relación alguna con el hecho literario, y esa arrogancia y autoritarismo de quien dice: «Toma, te doy un premio, ven aquí a recogerlo», son, a mi modo de ver, las razones que pudieron irritar sobremanera tanto a Chandler como a Algren.

Siempre que me entrevistan y me preguntan por los premios literarios (tanto en Japón como en el extranjero lo hacen a menudo), contesto lo mismo: «Lo más importante son los lectores. Son ellos quienes compran mis libros con su dinero. Comparado con ese hecho fundamental, no veo la sustancia de los premios, sea el que sea, de las condecoraciones, de las reseñas favorables». Estoy harto de repetirlo, de contestar lo mismo una y otra vez, pero parece que nadie se toma la molestia de creerme. De hecho, la mayor parte de las veces no me hacen ningún caso.

Sin embargo, si me paro a pensarlo un poco, no me queda más remedio que admitir que la misma respuesta puede terminar por resultar aburrida. A lo mejor se interpreta como una especie de postura oficial, y a veces me lo parece a mí mismo. Como mínimo no es una respuesta que suscite entusiasmo entre los periodistas, pero aunque sea aburrida y poco original, no por ello deja de ser verdadera y honesta. Por eso no voy a dejar de repetirla todas las veces que sean necesarias. Cuando alguien compra un libro que ronda los dos mil yenes,* no esconde en ese hecho propósito alguno. Lo único que hay es (creo) una volun-

* Unos veinte euros. *(N. de los T.)*

tad sincera de leerlo, una expectativa. Es un gesto que agradezco de corazón a todos mis lectores. Comparado con eso... Bueno, en realidad no hay por qué compararlo con nada.

Lo que permanece en el tiempo para las generaciones futuras, ni que decir tiene, son las obras, no los premios. Dudo que haya mucha gente que recuerde las obras ganadoras del Premio Akutagawa de hace dos años o quién ganó el Nobel hace tres. ¿Lo recuerda usted? Por el contrario, si una obra es buena de verdad, todo el mundo la recordará y habrá superado así la prueba del tiempo. ¿A quién le importa hoy en día, sin ir más lejos, si Ernest Hemingway ganó el Nobel o no (a pesar de que sí lo ganó), o si lo recibió Jorge Luis Borges? (¿Lo ganó?) Los premios literarios pueden dirigir momentáneamente el foco de la atención pública hacia algunas obras concretas, pero no insuflarles vida. No descubro nada nuevo al decir esto.

Trato de averiguar las desventajas concretas que padecí por no haber ganado el Akutagawa. Pienso en ello y no se me ocurre ninguna. En ese caso, ¿cuáles habrían sido las ventajas? Haberlo ganado no habría cambiado mucho las cosas.

Admito que me alegra el hecho de que mi nombre no esté asociado a la etiqueta de «ganador del Premio Akutagawa». Solo es una suposición, pero de haber tenido que llevar esa etiqueta es muy probable que me hubiera sentido incómodo, pues, de algún modo, daría a entender que he llegado hasta donde lo he hecho gracias al premio. Hoy en día mi nombre no está asociado a ninguna de esas etiquetas, lo cual me hace sentir libre, ligero. Tan solo soy Haruki Murakami, y eso me parece bien. A mí, claro está.

Con todo esto no pretendo decir que sienta una antipatía especial por el Akutagawa (insisto, no le tengo ninguna antipatía), sino que me siento moderadamente orgulloso de escribir por derecho propio y de haber sido capaz de vivir así hasta hoy. Tal vez no sea gran cosa, pero al menos para mí es importante.

Solo es una referencia, pero, por lo visto, las personas interesadas en la literatura y que leen de manera habitual solo representan el cinco por ciento del total. Ese cinco por ciento constituye el verdadero núcleo de la población de lectores. En la actualidad se habla a menudo de una distancia cada vez mayor entre los libros y el mundo de las letras, y en líneas generales estoy de acuerdo en que sucede así. A pesar de todo, estoy convencido de que ese cinco por ciento seguiría leyendo incluso si alguien se lo prohibiese. Sin llegar al extremo de tener que aprenderse los libros de memoria, como sugería Ray Bradbury en *Fahrenheit 451*, los imagino leyendo en rincones escondidos, y yo haría lo mismo, por supuesto.

Una vez adquirido el hábito de la lectura (adquirido la mayor parte de las veces durante la juventud), no se abandona con facilidad. Por muy cerca que se tenga a mano YouTube, los videojuegos en 3D o lo que sea, alguien con el hábito de la lectura leerá espontáneamente en cuanto disponga de tiempo (y aunque carezca de él). Si existen esas personas, aunque solo se trate de una de cada veinte, no me preocupa el futuro de la novela ni de los libros, como tampoco me preocupa especialmente lo que ocurre de momento con el libro electrónico. Ya sea en papel o a través de una pantalla (o por transmisión oral, como sucedía en *Fahrenheit 451),* el formato no importa. Basta con seguir leyendo.

Mi verdadera preocupación es qué puedo ofrecer de nuevo a esas personas. Todo lo demás, no dejan de ser fenómenos externos. Si calculo el número que supone esa población lectora del cinco por ciento en el caso concreto de Japón, resulta una cifra de alrededor de seis millones de personas. Con semejante público lector potencial, imagino que seré capaz de mantenerme como escritor, y si pienso más allá de las fronteras de Japón, es obvio que el número de lectores aumenta.

En cuanto al noventa y cinco por ciento restante de la población, no creo que tengan en su día a día demasiadas oportunidades de enfrentarse a la literatura, y es muy posible que en el mundo en el que vivimos las oportunidades sean mucho menores. También es muy posible que el abismo social con las letras se profundice, y, no obstante (aunque solo es una suposición basada en ciertas referencias), al menos la mitad mostrarán interés de vez en cuando por la literatura como entretenimiento o hecho social. Si disponen de una oportunidad, leerán. Son lectores latentes o, expresado en términos de ciencia política y procesos electorales, votos fluctuantes. Es necesario, por tanto, disponer para ellos de algún tipo de ventana, algo así como una sala de exposiciones; y me atrevo a decir que ese es el propósito (al menos lo ha sido hasta ahora) del Premio Akutagawa. Si hablo de vinos, diría que es un *Beaujolais nouveau;* si hablo de música, diría que es el Concierto de Año Nuevo de Viena; si hablo de correr, sería como la carrera de relevos de Hakone en Japón. Obviamente, el Nobel tiene esa misma función, pero en su caso el asunto se complica.

Nunca he participado como jurado en ningún premio literario. En alguna ocasión me lo han pedido, pero siempre he declinado la invitación con el argumento de que no me sentía capaz. Honestamente, no me considero capacitado para semejante tarea.

La razón es muy simple. Soy demasiado individualista. Tengo una visión propia de las cosas y una forma también propia de concretar esa visión. Para mantener ese proceso en activo no me queda más remedio que preservar mi individualidad en todos los aspectos de la vida. De lo contrario, sería incapaz de escribir.

Se trata de mi forma de ver las cosas, y por muy apropiada que a mí me resulte, no tiene por qué serlo para otros escritores. No pretendo menospreciar a nadie. Sé que existen métodos muy distintos al mío y siento un gran respeto por muchos de ellos, pero me doy cuenta de que algunos son incompatibles conmigo y ni siquiera los comprendo. No obstante, soy una persona que solo puede ver y valorar las cosas desde su propio eje. En un sentido positivo afirmo que soy un individualista, pero si le doy un sentido negativo solo puedo admitir que soy egoísta y egocéntrico. Por tanto, si me pongo a valorar el trabajo de otros basándome en mi perspectiva individual, y de algún modo egoísta, de las cosas, para ellos sería intolerable. Cuando se trata de autores con una posición más o menos consolidada, no me preocupo tanto, pero me siento incapaz de influir en el destino de quienes empiezan guiado solo por mi forma de ver el mundo al bies.

Si alguien me reprocha mi actitud, si me acusan de no cumplir con mi responsabilidad social como escritor, admito que pueden tener razón. Yo mismo traspasé el umbral que representa un premio al mejor autor novel, y después de atravesar esa puerta empezó mi carrera de escritor. De no haberlo ganado, es muy probable que no hubiera seguido en ese empeño. Quizá me hubiera dicho a mí mismo: «Ya está bien», y habría dejado de escribir. Visto de ese modo, me pregunto, en efecto, si no tengo una responsabilidad para con las generaciones de jóvenes autores que empiezan, si no debería brindarles una oportunidad como la que yo tuve, esforzarme por ser mínimamente objetivo y dejar de lado mi forma de ver las cosas. Si alguien me lo plantea así, admito que es muy posible que tenga razón, pero si a pesar de todo no hago el esfuerzo, no es atribuible solo a la negligencia. Me parece oportuno señalar que la responsabilidad más grande del escritor es para consigo mismo, con su trabajo, con alcanzar la máxima calidad de la que es capaz y ofrecer el resultado a los lectores. En la actualidad soy un escritor en activo y, en cierto sentido, aún estoy en proceso de desarrollo. Aún me veo en la necesidad de buscar a tientas entre las cosas que hago, en lo que puedo hacer a partir de ahora. Peleo con todas mis fuerzas en la primera línea de esta guerra de la literatura. Mi deber es sobrevivir, avanzar. Valorar obras ajenas con objetividad, recomendarlas o rechazarlas, asumir la responsabilidad que eso implica, no entra en este momento de mi vida en los límites de lo que considero mi trabajo. Hacer algo así con un mínimo de seriedad (y no podría hacerlo de otra manera), exige un tiempo y una energía nada desdeñables. Eso significa restar ese tiempo y esa energía a mi propio trabajo. Con toda honestidad, es un margen del que no dispongo. Tal vez existan personas capaces de hacer ambas cosas a la vez, pero no es mi caso.

¿No es esto un planteamiento egoísta? Obviamente sí. No puedo decir lo contrario. Acepto las críticas y reproches con resignación.

Sin embargo, nunca he tenido noticia de que las editoriales topen con especiales problemas cuando se trata de convocar a un jurado para un premio literario. Nunca he escuchado que haya desaparecido un premio al no disponer de jurado. Más bien al contrario. Parece como si la cantidad de premios literarios no dejase de aumentar. Tengo la impresión de que en Japón todos los días entregan al menos uno. Por tanto, aunque yo no forme parte de ninguno, las puertas de entrada al mundo de la literatura no van a ser menos ni tampoco eso se va a convertir en un problema social.

Por otro lado, si me pusiera a criticar la obra de alguien (una obra candidata a un premio) y alguien me preguntara si me siento o no en posición de decir tal o cual cosa, no sabría qué responder. Es muy probable que, en efecto, no esté en esa posición. A ser posible, me gustaría evitar por todos los medios encontrarme en esa situación.

Me gustaría dejar bien claro este punto. No tengo intención de comentar nada sobre los autores que sí forman parte de los jurados de los premios literarios (es decir, de mis compañeros de profesión). Simplemente me parece que hay personas capaces de valorar objetivamente obras de autores noveles, al tiempo que se dedican en cuerpo y alma a su propio trabajo creativo. Esas personas, a mi modo de ver, tienen la capacidad de apretar sin demasiados problemas un botón que hay en el interior de su cabeza y cambiar de registro. Alguien debe asumir ese papel. Yo siento un enorme agradecimiento e incluso veneración por ese tipo de personas, pero por desgracia soy incapaz de hacerlo, porque tardo mucho tiempo en pensar y en formarme un juicio de las cosas, y aunque disponga de mucho tiempo para hacerlo, la mayor parte de las veces me equivoco.

Hasta ahora he intentado no hablar demasiado de los premios literarios en general. La mayoría de las veces ganar o no apenas guarda relación con el contenido o la calidad de la obra, pero como hecho social resulta muy estimulante. Fue después de leer esa columna sobre el Premio Akutagawa en una revista literaria a la que me refería al principio, cuando de pronto se me ocurrió que quizás era el momento de expresar mi opinión al respecto. No hacerlo podría dar origen a malentendidos y no concretar podría llegar a interpretarse como un punto de vista inamovible.

A pesar de todo, expresar mis ideas al respecto (sobre asuntos que desprenden cierto tufillo, me atrevo a decir) me resulta muy difícil. Cuanta más honestidad ponga por mi parte, más mentira y arrogancia me atribuirán. Es muy probable que la piedra que lanzo me vuelva de rebote con el doble de fuerza. No obstante, me he esforzado por hablar abiertamente y con honradez. Estoy seguro de que en alguna parte habrá gente que entienda lo que digo.

Por encima de cualquier otra cosa, lo que quiero transmitir es que para un escritor lo más importante es su capacidad individual. Los premios deberían servir para apoyar y estimular esa capacidad, no para compensar un esfuerzo. Ni mucho menos es esta una afirmación contundente. Si un premio sirve para reforzar de algún modo esa capacidad, bienvenido sea para quien lo gana. De lo contrario solo se convertirá en un obstáculo, en una molestia y nadie lo podrá considerar un buen premio (y Algren acabará tirando de cualquier manera su medalla y Chandler se negará a ir a Estocolmo vestido de etiqueta, aunque no sé, obviamente, lo que habría hecho de verse en esa tesitura).

Visto así, el valor de los premios cambia en función de las personas. Opiniones diversas esconden circunstancias diversas, posiciones ante la vida divergentes, pensamientos y formas de vivir peculiares. No se puede tratar todo del mismo modo y esto es aplicable a los premios literarios. No todos son iguales ni se pueden considerar de la misma manera. No debería suceder. Esto es lo que pienso y al mismo tiempo deseo, y por mucho que lo manifieste en estas páginas, no creo que cambie nada.

4

Sobre la originalidad

¿Qué es la originalidad?

Se trata de una pregunta difícil de responder. Respecto a una creación artística, ¿qué significa la originalidad? Para que una determinada obra sea original, ¿qué requisitos debe cumplir? Al enfrentarnos a las posibles respuestas a estas preguntas sucede, en parte, que cuanto más pensamos más nos perdemos.

El neurólogo Oliver Sacks define la originalidad en su obra *Un antropólogo en Marte* de la siguiente manera:

> La creación tiene un carácter sumamente individual. Existe, en primer lugar, una identidad sólida, un estilo peculiar. Esos elementos se reflejan en el talento, se funden y terminan por tomar una forma física e individualizada. En ese sentido, la creación se refiere a romper con un punto de vista existente, a volar libre por un territorio imaginario, a crear de nuevo y tantas veces como sea necesario un mundo perfecto en nuestro corazón, a vigilar con nuestra mirada interior y siempre con un sentido crítico.

Me parece una opinión muy acertada, profunda, precisa, pero no me queda más remedio que cruzarme de brazos un tanto perdido a pesar de que lo expresa con claridad.

Si dejamos de lado por el momento las definiciones y los razonamientos y pensamos en ejemplos concretos, tal vez se entienda mejor. Los Beatles, por ejemplo. Se dieron a conocer cuando yo tenía quince años. La primera vez que escuché una canción suya en la radio, *Please Please Me* creo recordar, me recorrió de arriba abajo un escalofrío. ¿Por qué? Jamás había escuchado nada igual, un sonido como aquel. Por si fuera poco, encima era maravilloso. Soy incapaz de explicar con palabras más exactas el impacto que me produjo. Fue algo que se salía de lo normal. Un año antes había sentido algo parecido cuando escuché, también en la radio, el *Surfin' USA* de los Beach Boys: «Esto es excepcional», pensé. «No tiene nada que ver con todo lo demás.»

Al pensar en ello ahora me doy cuenta de su verdadera originalidad. Habían logrado crear un sonido propio, algo que nadie más hacía, una música nunca oída. Pero es que además tenía una calidad enorme. Los dos grupos tenían algo especial. Era un hecho tan evidente, que incluso un chico de catorce o quince años podía darse cuenta a la primera, por mucho que los escuchara a través de un pequeño transistor con un sonido más bien deficiente.

Sin embargo, me resulta muy difícil poner negro sobre blanco por qué esa música me pareció tan original, cuál era la diferencia sustancial con otras. De joven no habría podido hacerlo y ahora de adulto, a pesar de trabajar como escritor, me sigue pareciendo sumamente difícil. Este tipo de explicaciones terminan, inevitablemente, por convertirse en algo técnico, y por mucho que se razone, es probable que quienes las lean o escuchen no lleguen a entenderlas del todo. Es mucho mejor, más conveniente y directo escuchar la música.

Desde que oí la música de los Beatles y de los Beach Boys ha pasado ya medio siglo. A estas alturas resulta muy complicado explicar el impacto que produjo entonces en la gente de mi generación, lo que significó esa especie de sincronía con su época.

Al poco tiempo empezaron a aparecer otros artistas muy influidos por ellos, y la música de los Beatles y los Beach Boys fue digerida socialmente y se le pudo atribuir un valor determinado. Eso significa que a pesar de que un niño de quince años pueda emocionarse en la actualidad al escuchar esa misma música por primera vez en la radio, le resultará casi imposible sentir con todo su cuerpo esa convulsión que produce oír algo nuevo sin antecedentes conocidos.

Lo mismo puede decirse de *La consagración de la primavera* de Stravinski. Cuando se estrenó en París en 1913, el público se rebeló en contra de ese carácter tan innovador de la obra. La sala entera se alborotó y se sumió en una enorme confusión. La gente estaba aturdida ante una originalidad que no entendía, pero después de varias representaciones, el alboroto fue remitiendo y terminó por convertirse en una obra programada con mucha frecuencia en las salas de conciertos. Hasta el extremo de que, si la escuchamos hoy en día, nos preguntamos sorprendidos por qué causó semejante conmoción. Tan solo podemos imaginar el impacto que produjo en aquel primer público.

De ahí surge la pregunta de si la originalidad no termina deslucida con el paso del tiempo. Supongo que depende de los casos. La mayoría de las veces, la originalidad pierde su fuerza de choque inicial debido a la tolerancia y a la costumbre. Por el contrario, esas obras, cuando el contenido lo merece y les acompaña la suerte, suben de categoría hasta ser consideradas clásicas y se ganan así el respeto general. Hoy en día el público que acude a una sala de conciertos a escuchar *La consagración de la primavera* no se queda tan confundido ni desorientado como aquel de París en 1913, y no por ello, en una época radicalmente distinta como la que vivimos, deja de notarse su frescor y su fuerza. Se trata de una sensación casi espiritual, una referencia. Es decir, se transforma en uno de los alimentos fundamentales de los amantes de la música y en una referencia básica de sus juicios de valor. Expresado en términos extremos podría decir que a partir de ahí existe una diferencia sustancial en el reconocimiento profundo de la música entre quienes han escuchado *La consagración de la primavera* y quienes no lo han hecho. No puedo decir en concreto cuál es esa diferencia, pero estoy convencido de que existe.

En cuanto a la música de Mahler, las circunstancias

difieren un poco. Su música no gustó en su momento, no se entendió. El público corriente e incluso los propios músicos la recibieron como una música desagradable, fea, de composición débil y que daba demasiados rodeos. Ahora sabemos que Mahler reinterpretó un formato preexistente, como era el de las sinfonías, pero en aquel entonces nadie lo entendió así. Los músicos la menospreciaban. La juzgaban como algo menor en el peor de los sentidos. Si al propio Mahler lo aceptaban en el mundillo musical, era por ser un excelente director de orquesta. Tras su muerte, la mayor parte de su música cayó en el olvido. Las orquestas se negaban a interpretarla y el público a oírla. Algunos de sus devotos discípulos, más bien pocos, siguieron tocándola para que su fuego no se extinguiera.

A principios de los años sesenta se produjo de pronto un redescubrimiento casi dramático de la música de Mahler, con la consiguiente reprogramación. Hasta el extremo de que su música no puede faltar hoy en día en las salas y auditorios. El público se entrega embelesado a sus sinfonías, con sumo placer, su música resulta tan emocionante que toca el corazón y agita el espíritu. Tal vez hemos terminado por descubrir su originalidad al cabo de muchos años. A veces suceden este tipo de cosas. Las sonatas para piano de Schubert, por ejemplo, apenas se interpretaron en vida de su autor, pero suscitaron un gran entusiasmo a mitad del siglo XX y empezaron a programarse en los conciertos.

La originalidad de la música de Thelonious Monk también resulta deslumbrante. Nosotros la escuchamos muy a menudo (me refiero a los amantes del jazz), por lo que ya no nos sorprende tanto. Con las primeras notas pensamos: «¡Ah! Es la música de Monk». No obstante, su originalidad es evidente para cualquier oyente. Comparada con otras músicas de jazz de su época, tanto por la forma en que suena como por su composición, resulta completamente distinta. Thelonious Monk era un intérprete muy peculiar de sus propias composiciones, que se distinguían por líneas melódicas únicas, capaz de conmover a su audiencia. Durante mucho tiempo no se le apreció en su justa medida, pero el entusiasmo de unos pocos terminó por contagiarse a un público más amplio. De ese modo ha acabado por convertirse en una de las piezas claves que no pueden faltar en el sistema de conocimiento actual de la música. En otras palabras, se ha convertido en un clásico.

Casos similares se pueden encontrar en el campo de la literatura y la pintura. Un ejemplo: al principio Van Gogh y Picasso inquietaron mucho a la sociedad de su época con sus obras, y, en algún momento, llegaron incluso a suscitar un considerable rechazo. Sin embargo, dudo que hoy en día mucha gente sienta ese mismo rechazo o inquietud frente a sus pinturas. Más bien al contrario. El sentimiento mayoritario es el de una profunda emoción, lo que provocan son todo estímulos positivos e incluso se puede decir que tienen un efecto sanador. Todo eso no significa que hayan perdido un ápice de su originalidad con el paso del tiempo, sino que la sensibilidad del público se ha adaptado a ella hasta integrarla con naturalidad y transformarla en referencia.

En literatura sucede otro tanto con los estilos de Natsume Sōseki y Ernest Hemingway. Han devenido clásicos que funcionan como referentes. Tanto a Sōseki como a Hemingway los criticaron a menudo en su época e incluso llegaron a ser objetos de escarnio. No eran pocos aquellos a los que desagradaba profundamente su forma de escribir (en la mayoría de los casos, a las élites culturales del momento), pero hoy esos estilos, precisamente, se han transformado en algo así como en un estándar, en norma, hasta el extremo de que, en mi opinión, de no haber existido esas voces nuevas, tanto la novela japonesa como la norteamericana serían en la actualidad una cosa muy distinta. Se puede afirmar sin riesgo de exagerar que han terminado por formar parte sustancial de la psique de japoneses y norteamericanos.

Tomar como ejemplo una obra que resultó original en el pasado y analizarla desde la perspectiva actual es más o menos sencillo. Casi siempre ha desaparecido lo accesorio, el alboroto, y así tenemos la oportunidad de valorarlas en profundidad, con calma. A pesar de ello, nos sigue pareciendo difícil valorar en su justa medida algo supuestamente original y coetáneo. De hecho, a menudo, a mucha gente esas obras originales contemporáneas les pueden resultar desagradables, artificiales, extravagantes (incluso en determinados casos cargadas de elementos asociales). Como mínimo, absurdas. En cualquier caso, a menudo causan sorpresa o repulsa. La mayoría de la gente rechaza por puro instinto lo que no comprende, en especial aquellos que integran el *establishment*, quienes más adaptados están a formas de expresión ya existentes o quienes pertenecen a las élites afianzadas en esas formas. Para todos ellos, lo original puede convertirse en un motivo de repulsión, de rechazo. En el peor de los casos amenaza con agitar el suelo bajo sus pies.

Los Beatles tuvieron un enorme poder arrollador entre los jóvenes de la época, pero, en mi opinión, su caso es especial. Eso no quiere decir que todo el mundo aceptase su música sin más. Muchos la juzgaban ligera y perecedera, inferior a la música clásica, por ejemplo. A la mayoría de las personas que formaban parte del *establishment* de la época, su música les desagradaba y no perdían la oportunidad de manifestarlo con total rotundidad en cuanto tenían ocasión. En especial su forma de vestir, sus cortes de pelo, se vieron como un problema de orden social y se convirtieron enseguida en objeto de desprecio de los adultos, por mucho que visto desde nuestra perspectiva resulte casi imposible de entender. Se dio el caso, incluso, de gente que se concentró en determinados lugares públicos para destrozar y quemar sus discos. La verdadera calidad y dimensión de su música solo se valoró socialmente en su justa medida años más tarde, a partir del momento en que se convirtió en un clásico.

Cuando a mediados de los sesenta Bob Dylan se alejó del estilo *protest folk song** acústico (estilo creado por Woody Guthrie y Pete Seeger) y se pasó a la guitarra eléctrica, sus incondicionales empezaron a insultarle acusándole nada menos que de Judas, de traidor a la causa vendido a los intereses comerciales. Hoy en día, por el contrario, casi nadie le recrimina aquel cambio. Al escucharle comprendemos que su elección fue tan natural como necesaria, una evolución lógica para un creador de primer orden con una capacidad innovadora fuera de lo común. Una parte al menos de aquellos coetáneos suyos que pretendían mantenerle encerrado en los estrechos límites de la *protest folk song* interpretaron esa evolución artística como una felonía, un abuso de confianza.

Los Beach Boys también fueron sumamente famosos en su época, pero los nervios de Brian Wilson, el líder del grupo, no soportaron la presión de verse obligado a crear siempre algo nuevo y original, y el grupo terminó por desaparecer de la escena durante mucho tiempo al no poder cumplir con las expectativas. Después de su obra maestra, *Pet Sounds,* ese sonido nuevo y minucioso ya no tuvo la misma acogida entre sus fans, que seguían esperando el ambiente surfero y feliz de siempre. Su música se hizo cada vez más complicada y difícil de entender. Yo me incluyo entre quienes se distanciaron de ellos, porque a partir de cierto momento dejé de experimentar el

* En inglés en el original. *(N. de los T.)*

feeling, esa cercanía del principio, y me alejé. Si los escucho ahora, me doy cuenta de que hacían cosas muy buenas con una orientación e ideas muy concretas, pero, honestamente, en su momento no capté sus virtudes. La originalidad es muy difícil de distinguir y entender cuando quien la produce está vivo y se mueve.

En mi opinión, para decir que alguien se expresa con originalidad debe cumplir los siguientes requisitos:

1. Tener un estilo propio (sonido si se trata de música, estilo si se trata de escribir, forma y color cuando es pintura, etcétera) claramente diferenciado del de los demás. De tal manera que solo con entreverlo (con escucharlo apenas) se entienda a la primera que esa persona tiene algo peculiar.

2. Ser capaz de superar ese estilo peculiar, pues a medida que transcurre el tiempo no queda más remedio que crecer y evolucionar. Uno no puede quedarse siempre en lo mismo. La capacidad de innovar debe ser inherente y dinámica.

3. Con el paso del tiempo, la originalidad debe convertirse en estándar, en norma. Tiene que ser absorbida por la psique de la gente y convertirse en un criterio de valor. De ese modo, será una referencia clara para las generaciones posteriores.

No pretendo un cumplimiento estricto de todos y cada uno de esos requisitos. Se puede dar el caso de que el primero y el tercero resulten evidentes, pero el segundo no tanto o que el segundo y tercero sean obvios, al contrario del primero. No obstante, en mi opinión, algo original debe cumplir de algún modo esos requisitos aunque sea en distinto grado.

Es obvio que para el segundo y el tercer punto el paso del tiempo constituye un factor importante, mientras que para el primero no tanto. Es decir, para determinar si alguien se expresa con originalidad o crea obras que merecen esa consideración, resulta imprescindible el factor tiempo. Por mucho que en determinado momento aparezca alguien con un estilo original que llama la atención del público, si desaparece poco después no se puede concluir que lo que hacía era tan original como podía parecer en un principio. Esos casos son, en general, solo flores de un día.

Me he topado con casos así en distintos campos. La irrupción nos deslumbra, nos crea la ilusión de algo nuevo, rompedor, despierta la admiración del público, pero no tardan en desaparecer, en convertirse en existencias de las que, como mucho, te acuerdas solo de vez en cuando. Tal vez ese tipo de personas carecen de la virtud de la persistencia, de la fuerza que otorga la capacidad de innovar, y cuando alguien no deja tras de sí al menos varias obras dignas, ni siquiera se le tomará en consideración. Si no somos capaces de enumerar, como mínimo, un par de ejemplos de algo que haya hecho, analizarlo desde distintos ángulos, su supuesta originalidad no lo será tanto.

Por ejemplo, si Beethoven solo hubiese compuesto en toda su vida la *Novena sinfonía,* nunca habríamos comprendido su verdadera dimensión como compositor. De igual modo, sería imposible captar el verdadero sentido de esa obra, su influencia, la fuerza de su originalidad, su magisterio. Aunque solo nos fijemos en la *Novena sinfonía,* si le atribuimos tanto valor y grandeza es porque disponemos de la trayectoria cronológica y una evolución que va, en el caso de las sinfonías, de la primera a la novena.

Me gustaría ser original, como supongo que les sucede a todas y a cada una de las personas que expresan o crean algo, pero eso no lo puedo decidir estrictamente por mí mismo. Me puedo poner a gritar lo original que soy e incluso contar con el apoyo de algún crítico o medio de comunicación, pero todo ese ruido desaparecerá en cuanto la brisa empiece a soplar. La originalidad o no de una obra se establece mediante un criterio determinado por quienes la reciben, es decir, los lectores en el caso de la literatura, y por el paso del tiempo. En manos del escritor solo está esforzarse lo máximo posible para que su obra permanezca, al menos, como ejemplo real y concreto dentro de una línea cronológica. Es decir, crear algo de lo que uno está realmente convencido y darle un sentido propio.

El hecho de que, en mi caso concreto, la crítica literaria se haya manifestado negativamente respecto a mis obras puede haber terminado por convertirse en una ayuda, en una tabla de salvación. Un famoso crítico llegó a decir incluso que yo era algo parecido a un fraude matrimonial. Tal vez se refería a que mi literatura no es sólida y que engaño a los lectores, quién sabe. El trabajo del escritor se parece, en mayor o menor medida, al de los ilusionistas, por lo que acusarme de fraude terminó por convertirse, paradójicamente, en una muestra de admiración. Debería alegrarme, animarme al escuchar esas cosas. No obstante, el receptor final de ese comentario (que se extendió como un reguero de pólvora una vez publicado) no encuentra, honestamente, motivo de regocijo alguno. El de ilusionista es un trabajo tan digno como cualquier otro, pero el fraude matrimonial puede llegar a constituir un delito en algunos casos extremos. A mi entender, decir las cosas de ese modo es poner en evidencia una considerable falta de decencia, aunque tal vez no se trate de eso, sino de simple incapacidad para usar recursos que vayan más allá de la metáfora tosca y chapucera.

Obviamente, algunas personas relacionadas con el mundo literario han valorado mi obra, pero no son muchos y su voz nunca se ha escuchado demasiado fuerte. En conjunto, las voces del no siempre han representado una superioridad aplastante con relación a las del sí. En la época en la que se publicó aquel comentario, aunque me hubiera lanzado a un estanque para rescatar a una anciana a punto de ahogarse, habrían seguido hablando mal de mí (y lo digo medio en broma, medio en serio). Habrían argumentado, por ejemplo, que era un gesto de propaganda, de promoción de mí mismo, que la anciana en cuestión era una nadadora perfectamente capacitada.

Al principio, yo era el primero en no estar convencido del todo del acabado de mis novelas y quizá por eso aceptaba dócilmente las críticas sin dejar de repetirme: «Tal vez tengan razón». En cualquier caso, trataba de no prestarles demasiada atención. Pasó el tiempo y, aunque estaba más seguro de mí mismo (solo hasta cierto punto), las críticas no amainaron. Más bien al contrario, el vendaval arreciaba sin parar. De haber sido un partido de tenis, al lanzar la pelota hacia arriba para el saque, el viento la habría empujado fuera de la pista.

Asumo que lo que escribo provoca de entrada un considerable desagrado en no poca gente y eso es algo que no guarda relación con el hecho de si la novela en cuestión está bien o mal escrita. No quiero que se entienda que algo capaz de irritar a la gente sea, precisamente por eso, original. Hay muchos casos en los que ha sucedido así y quizá podría considerarse uno de los requisitos de la originalidad. En mi caso, cada vez que recibía una crítica negativa me esforzaba en pensar eso, en tratar de verlo en positivo. Por muy negativa que fuera la crítica, era mejor afrontarla con firmeza que con tibieza. El poeta polaco Zbigniew Herbert dijo en una ocasión: «Para llegar a la fuente hay que nadar siempre contra la corriente. Todo lo que se deja arrastrar río abajo no es más que un desperdicio». Sus palabras siempre me han dado mucho ánimo.

Intento huir de las opiniones categóricas, pero si he de dar una (pido disculpas por ello) diré que, en Japón, quien hace algo distinto a los demás provoca de inmediato una reacción de rechazo. Y eso es así porque en Japón impera una cultura según la cual, para lo bueno y para lo malo, la armonía constituye uno de los valores supremos (una cultura, según la expresión japonesa, que no levanta ni el viento ni las olas, es decir, que no causa problemas). De igual modo, existe una fuerte tendencia a normalizar cualquier manifestación cultural. En otras palabras, se trata de una estructura muy rígida propensa a entregar todo el poder a la autoridad.

Durante el largo periodo de la posguerra, la literatura se estudió según la posición que ocupaba determinada obra o determinado escritor en función de una serie de coordenadas, como si pertenecía a algún movimiento de vanguardia o no, si era de derechas o de izquierdas, o si se inscribía en lo que se conoce como literatura pura o como literatura popular. Las grandes editoriales (concentradas prácticamente todas en Tokio) establecieron a través de sus respectivas revistas literarias un canon de cómo debía ser la literatura y la ratificaron con premios literarios entregados a determinados escritores. Es decir, el sistema se alimentaba a sí mismo. En ese tipo de sistemas sólidos, no resulta fácil que un escritor se rebele a título individual porque alejarse de esas coordenadas se traduce en aislamiento dentro del mundo editorial (es decir, el alimento deja de llegar).

Mi debut literario fue en el año 1979. En aquella época, el sistema de coordenadas dentro del sector editorial funcionaba como un reloj. Aún tenían mucho peso los usos y costumbres del sistema. A menudo escuchaba por boca de editores el reproche de que tal o cual cosa no tenía precedentes y que, por el contrario, la costumbre era otra. Yo pensaba entonces que ser escritor era una profesión libre que le permitía a uno hacer lo que quisiera sin limitación de ningún tipo. Por eso, cuando escuchaba tales comentarios me preguntaba qué ocurría en realidad.

Por carácter no soy dado a las peleas o a las disputas (no miento) y entonces no tenía una especial conciencia de oponerme a costumbre alguna o a leyes no escritas. Pero como soy un individualista nato, desde el principio decidí hacer lo que quería y como quería. Para eso me había convertido en escritor, y, además, solo se vive una vez. El sistema podía seguir con su funcionamiento y yo con el mío. Pertenezco a una generación que vivió las explosiones de rebeldía de finales de los sesenta, por lo que mi conciencia era lo suficientemente fuerte para dejarme encorsetar en un determinado traje. Pero antes de nada y por encima de cualquier otra cosa, como individuo que expresaba algo quería ser espiritualmente libre. Escribir a mi manera, escribir lo que me apeteciera y hacerlo en función de un plan confeccionado a mi medida. Ese era, a mi modo de ver, el umbral mínimo de libertad que podía exigir un escritor. Además, desde muy pronto tuve más o menos claro cómo quería escribir. En mi cabeza había una proyección clara de lo que debía ser: «Aún no soy capaz de escribir así», me decía, «pero en el futuro me gustaría lograrlo». Esa proyección alzaba el vuelo hasta flotar resplandeciente en el cielo por encima de mi cabeza como si fuera la estrella polar. Si ocurría algo, bastaba con levantar la vista para orientarme, para retomar la dirección en la que debía avanzar. De no haber tenido esa referencia, creo que me habría perdido muy a menudo.

Para encontrar una forma peculiar de contar algo, un estilo, hace falta, según mi experiencia, empezar por el trabajo de «escudriñar lo que hay en ti» en lugar de «sumar algo a ti». Pensemos detenidamente. A lo largo de nuestra vida terminamos por albergar demasiadas cosas. No sé cómo decirlo, pero tal vez dispongamos de un exceso de información, de cargas, de cosas por elegir y alternativas que pueden terminar por estallar y provocar una especie de parada de emergencia tras la cual todo deja de moverse. Llegado el caso, la mejor opción es tirar a la papelera todo lo innecesario, limpiar los circuitos del sistema de información para que vuelva a arrancar y empiece a moverse de nuevo en el interior de nuestra cabeza con toda libertad.

¿Cómo distinguir entonces lo necesario de lo superfluo o de lo directamente inútil?

Si hablo desde mi experiencia personal, preguntarme si me divierte hacer algo o no, por muy sencilla que sea la pregunta, es uno de los criterios. Si uno se dedica a algo que le parece importante, pero no encuentra diversión o una alegría espontánea en ello, si su corazón no palpita de emoción, es muy probable que albergue en alguna parte una equivocación, cierta discordia. Al sentir algo así deberíamos regresar al punto de partida y, desde allí, eliminar todo elemento sobrante que obstaculiza el disfrute.

No obstante, hacerlo no es tan fácil como decirlo.

Cuando escribí *Escucha la canción del viento* y gané el premio al escritor novel de la revista literaria *Gunzo*, un compañero de instituto vino a verme al bar y se marchó contentísimo después de decir: «Si se puede ganar un premio con una obra como esa, también yo puedo hacerlo». Por supuesto que me ofendió, pero no por ello dejé de pensar que quizá tenía razón. Algo así podía escribirlo cualquiera. Lo que hice con esa primera novela fue echar mano de las palabras más sencillas que se me venían a la cabeza. No me esforcé con palabras complicadas o difíciles, con un supuesto estilo sofisticado y elegante. Aceptemos que era una obra hueca, pero desde entonces no he tenido noticia de que al menos ese antiguo compañero de instituto haya escrito algo. A lo mejor su argumento fue que si una obra tan huera como la mía se juzgaba válida, él no tenía por qué hacer lo mismo. De ser así, me parecería un buen criterio.

Sin embargo, con la perspectiva del tiempo, me doy cuenta de que una obra así no debía de ser tan fácil de escribir para un aspirante a escritor. Desprenderse de todo lo innecesario, lo superfluo y simplificar, tal vez no sea tan fácil como parece. No toda mi vida he querido escribir, por lo que tal vez cierta dosis de desinterés me haya ayudado a hacerlo.

Con independencia de eso, aquel fue mi punto de partida. Digamos que empecé con un estilo simple y huero que ventilaba bien. A medida que seguía escribiendo añadí poco a poco más sustancia, construí estructuras más tridimensionales con múltiples capas. Por otra parte, engordé el esqueleto para que cupieran así historias más grandes y complejas. Poco a poco, la escala de mis novelas fue haciéndose más grande. Como he dicho antes, tenía más o menos clara la idea de la novela que pretendía escribir en el futuro, pero el proceso de avanzar en ese camino sucedió de una forma más natural que intencionada. Lo comprendí más tarde al mirar atrás, no fue algo estrictamente planificado.

Si algo se puede considerar original en mis novelas, surgió gracias a la libertad. Con veintinueve años escribí mi primera obra porque se me ocurrió de repente, así, de la nada, que quería escribir. No codiciaba nada, no me planteaba ninguna restricción o limitación sobre cómo hacerlo. No sabía nada del panorama literario del momento, ni tampoco había ningún escritor concreto al que admirase o que me sirviese de modelo (no sé si eso fue una suerte o una desgracia). Solo pretendía escribir algo a mi manera y reflejar con ello el estado de mi corazón. Nada más.

Ese potente e intenso impulso en mi interior me empujó a escribir frases a ciegas sentado a la mesa de la cocina, sin pensar en el futuro ni en nada más. En pocas palabras, estaba relajado. Además, mientras escribía me divertía y al mismo tiempo me sentía libre, y ambas cosas sucedían de una manera natural.

Pienso (más bien deseo) que esa sensación de naturalidad y de libertad debería ser lo que subyace en el fondo de la novela, que debería impulsarla como el motor en el caso de un coche. A mi modo de ver, debería ser la base de cualquier tipo de expresión artística: una alegría espontánea y abundante. La originalidad, en cierto sentido, no es más que uno de los resultados de ese deseo, de ese impulso de transmitir a la gente una alegría ilimitada por lo que se hace, una sensación de libertad.

Ese impulso interior puede aparecer espontáneamente con una forma propia y un estilo determinado. No se puede alcanzar artificialmente, no lo puede lograr nadie a golpe de inteligencia ni valiéndose de esquemas, y en caso de lograr algo parecido, no creo que el resultado fuese muy duradero. Sería como una planta que arraiga mal en la tierra. En el momento en que deje de llover perderá su vitalidad y se marchitará, pero si llueve demasiado terminará por ahogarse.

Solo es un truco personal, pero a quienes desean expresar algo y hacerlo con libertad, tal vez les ayude visualizar cómo vivirían sin ese deseo en lugar de centrarse tanto en el objeto de su deseo. Cuando uno se enfrenta a lo que desea, convierte el asunto en algo demasiado pesado marcado por un signo de inevitabilidad. La mayoría de las veces, cuanto más peso, más se aleja la libertad y los pasos que damos se ralentizan. Si se trata de escritura, las frases pierden fuerza, frescura, pierden capacidad de atraer a la gente y tal vez incluso a uno mismo.

Comparado con eso, un Yo carente de deseos resulta ligero como una mariposa y, como ella, vuela con libertad. Solo hay que abrir las manos, permitirle levantar el vuelo. Al hacerlo, también liberamos las frases. Pensémoslo con calma: cualquiera puede vivir con total normalidad sin necesidad de decir nada de sí mismo, y a pesar de todo, algunos deseamos expresar algo. Tal vez en el contexto de «a pesar de todo» es donde nos vemos a nosotros mismos con naturalidad.

Escribo desde hace casi treinta y cinco años y en todo este tiempo nunca he sufrido un periodo de sequía creativa, eso que en inglés llaman *writer's block*. Es decir, nunca he pasado por la experiencia de no poder escribir aunque quisiera hacerlo. Dicho así, se puede interpretar que me considero dotado de un talento especial, pero no se trata de eso en absoluto. Es algo mucho más simple. En mi caso, cuando no quiero escribir o no tengo ganas de hacerlo, simplemente no lo hago. Solo me pongo en serio con una novela cuando realmente lo deseo. El resto del tiempo lo dedico a traducir (del inglés al japonés). La traducción es un trabajo fundamentalmente técnico, por lo que uno puede dedicarse a ello casi a diario sin que interfiera con su necesidad de expresar algo. Al mismo tiempo, es un excelente ejercicio de escritura, y aunque no tradujera, imagino que habría encontrado una ocupación más o menos cercana. Si tengo ganas, a veces escribo ensayos, y mientras ocupo mi tiempo con trabajos de ese tipo, no pienso en ningún momento que me vaya a morir si no escribo novelas.

Al cabo de un tiempo sin hacerlo, sin embargo, enseguida pienso que no estaría mal volver a empezar. Los materiales se acumulan en mi interior, como el agua del deshielo se acumula en los embalses. Entonces, un buen día me siento a la mesa de trabajo incapaz de aguantar más y me pongo a escribir (tal vez esa sea la situación óptima). Nunca me he oído decir: «No me apetece escribir, pero no me queda más remedio porque tengo un encargo». Como no acepto compromisos, no tengo fechas límite. Por eso no me afecta en absoluto el sufrimiento provocado por el *writer's block*. Para mí escribir es un alivio psicológico porque no hay nada más estresante para un escritor que sentirse obligado cuando no tiene ganas. ¿O no? ¿Acaso el mío es un caso especial?

Vuelvo al tema del principio. Si hablo de originalidad, me viene a la mente la imagen de mí mismo en mi cuarto cuando tenía alrededor de diez años, sentado junto a un pequeño transistor y escuchando por primera vez el *Surfin' USA* de los Beach Boys y el *Please Please Me* de los Beatles. Recuerdo la emoción que me produjo darme cuenta de lo maravillosa que era aquella música, de la radical novedad de su sonido. La música abrió una nueva ventana en mi espíritu y por ahí entró un aire fresco que no existía hasta ese momento. Disfruté de una exaltación sin límite, de una felicidad que nacía y fluía con toda naturalidad. Sentí como si flotase varios centímetros por encima del suelo, libre de restricciones reales y concretas. Para mí la originalidad debería ser eso. Sencillamente eso.

Hace unos días leí un artículo en el *New York Times* (del 2 de febrero de 2014) en el que se hablaba del debut de los Beatles y en el que se decía: «*They produced a sound that was fresh, energetic and unmistakably their own*», o sea: «Crearon un sonido fresco, enérgico e inconfundiblemente propio».

Es una forma sencilla de decirlo, pero tal vez muy precisa como definición del concepto: «La originalidad es algo fresco, enérgico e inconfundiblemente propio».

Resulta muy difícil encontrar las palabras justas para definir la originalidad, pero sí se puede reproducir y describir el estado anímico que nos provoca. Me gustaría sentirme siempre así cuando empiezo una nueva novela. Es una sensación maravillosa, refrescante, como si despertara un día desconectado de todo lo anterior.

Me gustaría transmitir esa sensación a mis lectores en la medida de mis posibilidades, abrir una ventana nueva en sus corazones y permitir así que entre el aire fresco. Ese es el pensamiento y el deseo que me guían todo el tiempo mientras escribo. Nada más que eso. Sin más razonamientos.

5

Ahora bien, ¿qué escribo?

¿Qué hábitos pueden ser útiles o qué tipo de entrenamiento es necesario para convertirse en escritor?

Cuando participo en algún encuentro con jóvenes, a menudo me plantean esta pregunta. Da igual donde esté. Me la hacen en cualquier parte del mundo. Supongo que eso significa que hay mucha gente interesada en escribir, o al menos en expresar algo, pero, en cualquier caso, la pregunta es muy difícil de responder. Como mínimo me obliga a cruzarme de brazos y a pensar seriamente en ello, y si ocurre eso, es porque ni siquiera yo llego a entender del todo cómo ha sido el proceso por el cual me he convertido en escritor. No ha sido superando las fases más o menos lógicas, digámoslo así: aspirar desde joven a serlo, estudiar algo específico en esa dirección, realizar algún tipo de entrenamiento o trabajo previo como escribir desde joven... Como ha sucedido con la mayor parte de los acontecimientos de mi vida, me convertí en escritor empujado por las circunstancias, por un determinado impulso que apareció mientras me dedicaba a otras muchas cosas. Sin duda, también desempeñó un papel crucial la fortuna, y cuando miro atrás, ahora no puedo evitar sentirme atemorizado, aunque ya no me queda más remedio que aceptar las cosas como fueron.

Cuando los jóvenes me preguntan muy circunspectos por el tipo de hábitos o por el entrenamiento para convertirse en escritores, no puedo despachar el asunto por muy difícil que me resulte con un simple «bueno, no lo sé». Si les dijera que en mi caso todo sucedió por las circunstancias, por determinado impulso, como he dicho antes, sin olvidarme de la fortuna, se quedarían perplejos sin saber qué hacer. En otras palabras, les aguaría la fiesta. Por eso me propongo reflexionar sobre este asunto, abordarlo de frente.

En mi opinión, una de las cosas más importantes para alguien con intención de escribir es, de entrada, leer mucho. Lamento ofrecer un planteamiento tan convencional, pero la lectura constituye un entrenamiento que no puede faltar de ningún modo y, a la postre, es el más determinante a la hora de ponerse a escribir una novela, pues para hacerlo hay que entender, asimilar desde la base, cómo se forma, cómo se articula y cómo se levanta. La lógica es la misma que asegurar que para hacer una tortilla, lo primero es romper el huevo.

Especialmente mientras se es joven habría que tener siempre un libro entre las manos. Cuantos más, mejor. Da igual si se trata de una novela excepcional como si no lo es tanto, si es algo digno de olvidar o no. Lo importante es leer todo cuanto uno pueda, sumergirse en cuantas más historias mejor, vérselas con frases bien construidas, con pasajes inolvidables, también con episodios menos brillantes. Eso es lo más importante. Todo eso termina por decantarse y por transformarse en la fuerza básica imprescindible que le permite a alguien convertirse en escritor. Lo ideal es hacerlo cuando uno dispone de tiempo, mientras aún conserva una buena vista. Construir frases, es decir, escribir, es importante, pero a mí me parece que si establecemos un orden de cosas, eso puede llegar más adelante.

Antes de eso (antes de producir nada con nuestras propias manos), deberíamos adquirir el hábito de observar en todos sus detalles los fenómenos y acontecimientos que tienen lugar delante de nuestros ojos. Cualquier cosa, por pequeña que sea, de lo que ocurre con las personas que le rodean a uno, reflexionar sobre ello. Eso no implica en ningún caso juicios de valor precipitados respecto a lo que está bien o lo que está mal. Hay que cuidarse mucho de sacar conclusiones precipitadas. Cuanto más lento es el proceso, mejor. Lo importante no es llegar a conclusiones bien definidas, sino conservarlas en nuestra mente sin que se alejen demasiado de la realidad para disponer de ellas como si se tratara de un material dúctil.

Hay gente con una gran capacidad de analizar las cosas y a las personas cercanas y llegar a conclusiones rotundas en poco tiempo: esto es así, esto es asá. Es un carácter que se ajusta mal al de escritor (al menos desde mi punto de vista). A ese tipo de personas les van mejor profesiones como la de periodista, la de crítico, incluso la de estudioso de algún tipo. Un carácter más próximo al de escritor es el de alguien que, a pesar de formarse una idea más o menos clara en su mente, se detiene para repensar cuestionándose a sí mismo: «Espera. Tal vez tus conclusiones se basan en creencias personales y egoístas». O quizá se repita una y otra vez que no se pueden hacer fácilmente juicios de valor sobre las cosas, porque un nuevo elemento puede hacer que una historia dé un giro de ciento ochenta grados.

Creo que yo soy ese tipo de persona. Una razón importante que lo explica es que mi cabeza no funciona tan rápido (y es una razón de mucho peso). También, que me he visto obligado a pasar en varias ocasiones por la amarga experiencia de enmendar conclusiones precipitadas e incorrectas. En ocasiones así, siempre he sentido vergüenza, me he visto obligado a corregir y a dar muchos rodeos y he llegado a padecer sudores fríos. Esa es la razón, creo, de que poco a poco se haya asentado en mí el hábito de no precipitarme con mis conclusiones, de tomarme el máximo tiempo posible para pensar. No digo que fuese una tendencia innata. Es algo aprendido a base de sufrimiento y experiencia.

Aunque ocurra algo importante cerca de mí, mi cabeza no funciona lo suficientemente rápido para alcanzar una conclusión. En lugar de eso, intento grabar los detalles en mi memoria. Por ejemplo, un paisaje que he podido contemplar, las personas con quienes me he encontrado o asuntos que terminan por formar parte de mi experiencia. Días más tarde, ya tranquilo, con tiempo suficiente, examino el asunto con cuidado, lo observo desde varios ángulos distintos y así puedo concluir algo si lo necesito.

La experiencia me dice que las cosas sobre las que necesitamos sacar conclusiones son muchas menos de las que creemos. A veces llego a pensar incluso que no las necesitamos en absoluto, sean las que sean. Por eso, cuando leo artículos en el periódico o veo las noticias en la televisión, no puedo dejar de preguntarme para qué se esfuerzan tanto en sacar conclusiones precipitadas.

¿Pero acaso nuestro mundo no exige de nosotros que emitamos a toda prisa juicios de negro o blanco? Es obvio que no podemos posponer todas las respuestas que plantea la vida a un futuro indeterminado. De hecho, algunas cosas exigen un juicio en el mismo momento en que suceden. En casos extremos, ante la posibilidad de una guerra, por ejemplo, o de volver a recurrir a la energía nuclear, debemos tener una opinión clara sin más demoras. De lo contrario, pueden volver a ocurrir acontecimientos terribles. Pero esas situaciones apremiantes no se plantean tan a menudo. Si el tiempo transcurrido entre el conocimiento de cierta información y la conclusión a la que llegamos se acorta, convirtiéndonos de ese modo en meros comentaristas de la actualidad, el mundo se transforma en algo áspero, sin márgenes. O tal vez en algo mucho más peligroso. En las encuestas demoscópicas siempre existe la alternativa del «no sabe / no contesta».

A mí me gustaría optar por ese «no sabe / no contesta». Al menos ahora.

Olvidémonos del mundo por el momento. En mi opinión, quienes pretenden dedicarse a escribir no deben sacar conclusiones precipitadas, sino aprender a acumular los materiales de la realidad tal cual, a crear un margen en su interior que les permita hacer hueco a esos materiales. De alguna manera es una premisa, pero es obvio que no se puede conservar o memorizar la realidad tal cual. La memoria tiene un límite físico, por lo que resulta imprescindible llevar a cabo un proceso de selección.

En general, me esfuerzo por memorizar un detalle curioso sobre un hecho concreto (o sobre una persona o un fenómeno). Es difícil memorizarlo todo, y aunque pudiera hacerlo, se me olvidaría enseguida. Por tanto, trato de simplificar los recuerdos a través de detalles concretos. A eso me refiero cuando hablo de proceso de selección.

¿Cómo y cuáles son esos detalles? Deberían ser cosas concretas e interesantes que sorprendan. A ser posible, mejor algo que no tenga una clara explicación y más aún si se trata de algo no razonable. Si es algo que encierra una contradicción, de inmediato suscita un pensamiento o aviva un misterio. Yo colecciono ese tipo de detalles, los clasifico con un etiquetado sencillo, fecha, lugar, circunstancia y los guardo en mi mente. Se puede decir que es casi como si los guardara en una taquilla personal. Para este ejercicio convendría apuntarlo todo en un cuaderno, por supuesto, pero yo prefiero confiar en la memoria porque la disciplina del cuaderno me da pereza y al escribir en él me relajo y de inmediato lo olvido todo. Cuando uno confía en la memoria, tiene lugar un proceso de selección natural que conserva lo importante y elimina lo superfluo. Yo me decanto por ese procedimiento.

Hay una historia que me gusta. Cuando el poeta Paul Valéry entrevistó a Albert Einstein, le preguntó si tenía un cuaderno para anotar ideas, ocurrencias, inspiraciones repentinas. Einstein puso cara de extrañeza a pesar de su expresión habitual tan apacible. «¡Ah, no! No me hace falta», contestó. «Casi nunca me viene la inspiración.»

En mi caso, tampoco he sentido nunca la necesidad de llevar siempre un cuaderno conmigo. Me parece que las cosas verdaderamente importantes no se olvidan así como así.

Sea como fuere, elementos útiles para escribir una novela los constituyen esas colecciones personales de detalles concretos. A mi modo de ver, conclusiones lógicas, juicios sólidos o argumentaciones brillantes no son útiles para alguien empeñado en escribir una novela. Más bien pueden llegar a convertirse en una zancadilla, en un verdadero obstáculo que corta el flujo natural de una historia. Por el contrario, si uno incorpora esos detalles acumulados en su taquilla mental, por muy desordenados que estén, la historia ganará vitalidad, espontaneidad, hasta un extremo sorprendente.

¿A qué me refiero en concreto?

Es difícil acertar con un buen ejemplo, pero... Pensemos en un conocido que, sin saber bien por qué, siempre que se enfada se pone a estornudar. Una vez que empieza es incapaz de parar. No es que conozca a alguien así, pero supongamos que existe. Si nos plantamos delante de él para analizar desde una perspectiva psíquica y fisiológica la relación entre estornudos y enfado, y a partir de ahí planteamos una hipótesis, será una forma como cualquier otra de abordar el asunto, pero en mi caso concreto no es lo que yo haría. En condiciones normales, no le daría demasiadas vueltas al asunto: «¡Vaya!», me diría sorprendido, «¿así que existe una persona a la que le pasa eso? En fin, en este mundo hay de todo». Luego lo archivaría en mi memoria tal cual, como una masa sin moldear. Son ese tipo de detalles sin demasiado sentido los que abundan en los compartimentos de mi memoria. James Joyce aseguraba que la imaginación es memoria y estoy de acuerdo con él. La imaginación es una combinación de recuerdos fragmentados e incoherentes. Esa memoria incoherente combinada de forma eficaz, por muy contradictoria que pueda parecer, puede tener un carácter tanto preventivo como intuitivo y, en mi opinión, eso debe transformarse en el motor y en la fuerza de la historia.

En la mente (al menos en la mía) existe una gran taquilla que reúne esas características. Cada uno de sus cajones contiene infinidad de recuerdos e información. Los hay grandes y pequeños e incluso algunos ocultan pequeños escondites en su interior. Mientras escribo una novela, abro el cajón que me parece que puede ser útil, extraigo material de su interior y utilizo la parte que conviene a la historia. En la taquilla hay infinidad de cajones, cierto, pero cuando me concentro en escribir, mi conciencia dispone de un automatismo gracias al cual recuerdo el contenido de cada uno y lo localizo de inmediato. Ese recuerdo archivado desde hace tiempo y al margen de lo cotidiano regresa a la vida con naturalidad. Es un estado en el que soy capaz de responder a las demandas de cualquier situación y eso me hace sentir muy bien. Es como si la imaginación se separase de la conciencia y empezara a moverse libremente por un espacio tridimensional. Ni que decir tiene que para mí, como escritor, toda esa información archivada en la taquilla de mi mente constituye un valor tan abundante como irreemplazable.

En la película *Kafka. La verdad oculta,* del director Steven Soderbergh, hay una escena en la que Franz Kafka, interpretado por Jeremy Irons, entra en un siniestro y amenazante castillo a través de un cajón de una inmensa sala repleta de ellos, una imagen obviamente inspirada en la novela *El castillo* del autor checo. Recuerdo que cuando la vi pensé que aquella sala se asemejaba a la estructura de mi mente. La película es muy recomendable y esa escena en concreto merece una especial atención. Por fortuna, el contenido de mi mente no es tan siniestro, pero su estructura física quizá se parezca a eso.

Como escritor también me ocupo de otros campos al margen de la novela. Por ejemplo, el ensayo. Pero cuando estoy escribiendo una novela, no hago nada más a no ser que haya una necesidad especial. Si he tomado esa decisión es porque, al escribir ensayos u otras cosas, me doy cuenta de que abro los cajones de la memoria involuntariamente y uso la información guardada dentro. Si me hace falta después para una novela, compruebo que ya los he usado y, por tanto, ya no dispongo de ellos. «¡Ah, es cierto!», me digo. «Ya he escrito en una revista sobre esa persona que no deja de estornudar cuando se enfada.» No pasa nada por usar el mismo recurso en otra parte, pero ese tipo de coincidencias le restan sustancia a una novela. De ahí que cuando me centro en un trabajo no creativo, me cuido muy mucho de recurrir a cajones exclusivos para la novela y de usar su contenido para otros fines. Uno nunca sabe qué va a necesitar, en qué momento, y por eso es mejor usar los materiales con esmero, incluso ser un poco tacaño. Es una de las lecciones que he aprendido escribiendo novelas desde hace ya muchos años.

Una vez terminado el proceso de composición de la novela, compruebo que hay mucho material sin utilizar e incluso cajones que ni siquiera he abierto. Todo eso (el material sobrante) me da para escribir varios ensayos de golpe. En cualquier caso, para mí ese trabajo es secundario. Es como si dijéramos uno de esos tés envasados en lata y comercializados por empresas cerveceras. Los materiales que realmente me parecen buenos procuro guardarlos para la siguiente novela, es decir, para el que considero que es mi verdadero trabajo, y cuando se acumulan suficientes temas que reúnen esas características, las ganas de escribir una novela surgen de forma natural. Por eso debo cuidarlos lo máximo posible.

Hablaré otra vez de cine. En la película *E.T. el extraterrestre,* de Steven Spielberg, E.T. fabrica en un momento dado un aparato de radio para comunicarse con los suyos utilizando objetos que encuentra en el trastero de la casa. Vi la película hace muchos años y no recuerdo con exactitud los detalles, pero sí que se valía de las cosas de uso cotidiano que se pueden encontrar en una casa cualquiera, como un paraguas, una lámpara, platos, un tocadiscos... A pesar de lo improvisado de los materiales, fabrica una máquina capaz de enviar una señal a su planeta situado a miles de años luz de la tierra. Cuando vi la escena sentado en la sala de cine, sentí una profunda admiración. En mi opinión, las grandes novelas están construidas en cierto sentido de esa manera. No es tan importante la calidad de los materiales en sí. Por encima de cualquier otra consideración, deben provocar una especie de magia. Si solo disponemos de materiales sencillos, cotidianos, de palabras no demasiado complicadas, pero todo ello encierra ese halo mágico, podemos llegar a construir con nuestras propias manos máquinas complejas y sorprendentes.

Como mínimo necesitamos un almacén propio. Por mucha magia que encierre algo, no se puede crear desde la nada. Necesitamos una reserva de cachivaches que ofrecer a un hipotético E.T. para cuando le haga falta usar lo que guardamos en el trastero.

Cuando empecé a escribir mi primera novela, no tenía la más mínima idea sobre qué hablar. No contaba con la experiencia de la guerra como la generación de mis padres, ni tampoco con la del hambre y el caos de la posguerra. Tampoco tenía una experiencia significativa en movimientos revolucionarios (sí en algo parecido, pero no era un asunto del que quisiera hablar), ni tampoco había sufrido malos tratos o conflictos graves. Me crie en una tranquila zona residencial en el seno de una familia pequeñoburguesa de asalariados y nunca padecí graves insatisfacciones, carencias o cosas así. Aunque no puedo decir que fuera especialmente feliz, tampoco puedo afirmar lo contrario (lo cual significa, supongo, que era relativamente feliz). Disfruté de una niñez sin sobresaltos. Mis notas en el colegio no eran ni de las mejores ni de las peores, y por mucho que me esfuerce en analizar los detalles concretos de aquella época, no puedo decir honestamente que encierre nada especial sobre lo que merezca la pena escribir. Tengo el impulso de expresarme y escribir, en efecto, pero sobre cuestiones con contenido. Quizá por eso nunca antes de los veintinueve años imaginé que me iba a dedicar a este oficio. No tenía materiales ni tampoco el talento suficiente para levantar algo desde la nada. Para mí, la novela solo era una cuestión relacionada con la lectura, y a pesar de leer mucho, nunca pensé que terminaría por ser yo quien las escribiera.

Me da la impresión de que esas circunstancias se parecen más o menos a las de los jóvenes en la actualidad. De hecho, incluso pienso que ahora hay menos cosas de las que escribir de las que había cuando yo era joven. ¿Qué hacer en una situación así?

La única alternativa, me parece, es actuar a la manera de E.T. Es decir, abrir la puerta del trastero, juntar todo lo que podamos (aunque solo sean cacharros viejos) y después esforzarnos por añadir un poco de magia. Es el único recurso a nuestro alcance para comunicar con otros planetas. No nos queda más remedio que apañárnoslas con lo que tenemos a mano, y quien sea capaz de hacerlo habrá ganado una inmensa oportunidad: descubrir el hecho concreto y maravilloso de que somos capaces de usar la magia. Alguien capaz de escribir una novela es alguien capaz de comunicarse con los habitantes de otros planetas.

Cuando me disponía a escribir mi primera novela, sentí vivamente que el tema sobre el que debía escribir era: «No tengo nada que escribir». La carencia debía transformarse en motivación y sobre esa base avanzar poco a poco en la escritura. No disponía de ningún recurso con el que enfrentarme a los escritores de generaciones precedentes y al final me decidí por crear una historia partiendo de la base de lo que tenía a mano.

Para semejante empeño, me hacía falta un nuevo estilo y palabras nuevas. Tenía que inventármelos, crear un vehículo que no hubiera usado ningún otro escritor. Si no me iba a ocupar (o no podía hacerlo) de temas graves como la guerra o el hambre, me sentía obligado a usar materiales más ligeros, y para ello me hacía falta un vehículo rápido y potente por muy frágil que fuese.

Después de varios ensayos y errores (ya lo he mencionado en el segundo capítulo), al fin logré crear un estilo propio en mi lengua materna del que me podía servir. Era provisional, imperfecto, pero no me quedaba más alternativa con esa primera novela que escribía en mi vida. Los defectos, me dije, podría arreglarlos poco a poco (en el caso de que los hubiera).

Al principio traté de no explicar nada. En el recipiente de la novela metía fragmentos de episodios, imágenes, paisajes, palabras. Luego lo combinaba todo en un espacio tridimensional que debía encontrarse en un lugar sin relación alguna con la lógica del mundo literario ni de su lenguaje. Ese era mi esquema fundamental.

Para avanzar en ese empeño, lo que más me ayudó fue la música. Construía frases como si tocara música. En especial me sirvió el jazz. Es de sobra conocido que para el jazz el fundamento es el ritmo. De principio a fin hay que mantener un ritmo preciso y sólido. De no hacerlo, quienes escuchan no podrán seguir la música. Después vienen los acordes, la armonía. Hay acordes consonantes, bellos, y otros turbios, disonantes, que se alejan del sonido base. Hay acordes infinitos como los de Bud Powell, Thelonious Monk, Bill Evans o Herbie Hancock. Nunca dejará de sorprenderme la variedad de sonidos en función de quién interprete por mucho que se use siempre un piano de ochenta y ocho teclas. Este hecho concreto ofrece una importante sugerencia: aunque no tenemos más remedio que crear una historia con materiales limitados, las variantes son ilimitadas (o al menos cercanas al infinito). Nadie puede afirmar que dado que solo existen ochenta y ocho teclas en un piano, ya no se puede hacer nada nuevo con ese instrumento. En el jazz, el final es el momento de la improvisación libre, lo cual constituye su principio fundamental. Es decir, crear música con total libertad sobre la base de un ritmo y un código firmes (al margen de la estructura armónica).

No toco ningún instrumento. Al menos no lo suficientemente bien para hacerlo en público. No obstante, hacerlo ha sido siempre uno de mis mayores deseos. Al principio de mi carrera de escritor se me ocurrió que podía construir frases como si tocara un instrumento y esa idea no ha cambiado hasta hoy. Mientras aprieto las teclas del teclado del ordenador, me impongo un ritmo determinado, me esfuerzo por buscar un sonido y una resonancia que resulten adecuados. Hoy sigue siendo para mí una premisa esencial a la hora de componer frases.

Me parece (según mi experiencia) que cuando uno empieza a escribir y no tiene claro sobre qué hacerlo, cuesta mucho arrancar el motor, pero en cuanto el vehículo avanza las cosas resultan mucho más fáciles. Uno no tiene nada sobre lo que escribir, de acuerdo. Planteado de otro modo significa que puede escribir con total libertad sobre lo que le plazca. Aunque el material que tenemos entre manos sea ligero, limitado, una vez bien combinado y sazonado con ese poco de magia, nos permitirá levantar una historia hasta donde queramos. Si llegamos a dominar ese empeño y no perdemos de vista una sana ambición, podremos estructurar algo con peso y profundidad hasta extremos sorprendentes.

En el lado contrario, los escritores que empiezan desde el primer momento a trabajar con materiales muy pesados tienen tendencia a dejarse arrastrar por ese peso, aunque no les sucede a todos, obviamente. Por ejemplo, los autores que empezaron a escribir sobre sus experiencias vitales en la guerra, una vez que cubren ese periodo desde distintos ángulos y perspectivas, a menudo terminan por bloquearse y son incapaces de encontrar temas nuevos. De igual manera, se da el caso opuesto, en el que determinados autores dan un golpe de timón radical, abordan temas nuevos y crecen como escritores. Otros, por desgracia, son incapaces de cambiar de rumbo y pierden fuelle poco a poco.

Ernest Hemingway es, sin duda, uno de los autores más influyentes del siglo XX y podría afirmarse casi con el consenso de todos que sus mejores obras fueron las primeras. Siento especial devoción por sus dos primeras novelas largas, *Fiesta* y *Adiós a las armas,* y por los relatos de *Nick Adams.* De todas ellas se desprende una energía que a mí, personalmente, me corta la respiración. Sin embargo, obras posteriores suyas, aunque siguen siendo las de un autor excelente, flaquean en potencia y sus frases dejan de golpear con la misma viveza que al principio. Supongo que en parte se debe a que Hemingway era ese tipo de escritor que escribe movido por la fuerza inherente de los materiales que maneja. Quizá por eso se implicó tanto en los conflictos sobre los que escribía (la primera guerra mundial, la Guerra Civil española, la segunda guerra mundial), por eso se construyó una casa en África o, por eso mismo, se sumergió en el mundo de la tauromaquia. En mi opinión, necesitaba de constantes estímulos externos. Es fácil que una vida así se convierta en leyenda, pero, por pura lógica, a medida que pasan los años el dinamismo que ofrece la experiencia disminuye sin cesar. Aunque la verdadera razón solo la conoció él, a lo mejor por eso se refugió en el alcohol y terminó por suicidarse en el apogeo de su fama pocos años después de haber recibido el Premio Nobel en 1954.

Comparado con eso, a los autores capaces de crear una historia que les sale de dentro, sin necesidad de recurrir a materiales externos de peso, es muy probable que el empeño les resulte más sencillo, pues solo tienen que valerse de su imaginación y de hechos cotidianos que suceden a su alrededor, de paisajes que ven a diario, de personas con las que se cruzan. Digamos que se puede considerar una fuente de energía reciclada, natural. No hay necesidad de tomarse la molestia de ir a la guerra, de sumergirse en el mundo de los toros, ni de disparar a diestro y siniestro a guepardos y leopardos.

No quiero que se me malinterprete. No digo que esas experiencias no tengan sentido. Por supuesto que lo tienen. Cualquier cuestión que implique experiencia es crucial para un escritor. Lo que pretendo decir es que, a pesar de no contar esas experiencias tan potentes, se puede escribir una novela. Cualquiera puede extraer una fuerza sorprendente de experiencias aparentemente pequeñas. Hay una expresión japonesa que dice: «La madera se hunde y la piedra flota». Se refiere a que a veces suceden cosas que en condiciones normales parecen imposibles. En el mundo de la novela (y tal vez sea algo extensible al arte en general), a menudo ocurren esos fenómenos imposibles. Cosas que se consideran ligeras terminan por ganar peso con el paso del tiempo y, al contrario, asuntos de mucho peso acaban por perderlo hasta no quedar más que un esqueleto. La creatividad es una fuerza continua e invisible que comporta, a veces, esas inversiones dramáticas ayudadas por el paso del tiempo.

Por eso no hay que resignarse cuando a uno le parece que no dispone de material para escribir una novela. Solo con cambiar el punto de vista, la concepción de las cosas, se alumbrarán a nuestro alrededor infinidad de materiales con los que construir un relato. Tan solo esperan a que alguien se fije en ellos, a que los tome entre sus manos para darles forma. A primera vista pueden parecer insignificantes, pero en buenas manos pueden producir cosas excepcionales. Aun a riesgo de repetirme, vuelvo a decir que para mí lo más importante es no perder nunca la sana ambición de lograrlo. Esa es la clave.

No hay una superioridad intrínseca entre las distintas generaciones. Esa ha sido siempre mi opinión. Una generación no tiene por qué ser mejor ni peor que otra. A menudo se hacen críticas de tipo generacional sustanciadas en estereotipos de esas características, pero tengo el pleno convencimiento de que de ahí solo resultan teorías sin sentido que no se pueden aplicar a nada. Entre las distintas generaciones no existen cosas mejores ni peores, no hay unas que sean superiores ni otras inferiores. Obviamente existen diferencias en cuanto a tendencias u orientaciones, pero no en la esencia. Sin embargo, las diferencias entre unas y otras no son tantas como para convertir esto en un problema.

Si hablo de cosas concretas diré, por ejemplo, que la generación joven del Japón actual tal vez sea un poco peor que la anterior si nos fijamos en su capacidad para escribir y leer ideogramas (aunque desconozco la realidad concreta de este asunto). Sin embargo, estoy convencido de que son muy superiores respecto a la generación anterior en su capacidad de comprensión del lenguaje de los ordenadores. Con ello pretendo decir que cada una tiene un campo específico en el que funciona bien y otro en el que no funciona tan bien. Nada más. Para crear algo solo hay que estimular ese campo en el que cada una tiene sus virtudes. Basta con aprovechar el lenguaje que se domina, hablar de lo que está delante y hacerlo con palabras accesibles. No hay por qué padecer complejos respecto a nadie ni tampoco sentirse superiores.

Empecé a escribir novelas hace treinta y cinco años y en el momento de estrenarme fui objeto de severas críticas por parte de personas que formaban parte de la generación anterior. Para ellos mi novela no era tal cosa y ni siquiera se podía considerar literatura. Las críticas me pesaban (más bien me molestaban), por lo que decidí marcharme al extranjero durante un largo periodo de tiempo, donde poder escribir a mi aire en un entorno tranquilo libre de ruido exterior. En ese tiempo nunca pensé que estuviera equivocado y tampoco me atenazaron las preocupaciones. En cierto sentido, la mía era una actitud desafiante: «Solo sé escribir así y no me queda más remedio que hacerlo. ¿Qué tiene eso de malo?». Consideraba que mi trabajo seguía siendo imperfecto, pero me creía capaz de escribir en el futuro novelas de calidad. Pensaba, no sin cierto descaro, que para entonces el signo de los tiempos habría cambiado y me recibirían con más amabilidad, lo cual acabaría por demostrar que no estaba del todo equivocado.

Observo ahora a mi alrededor y no sé si tal cosa ha sucedido. ¿Qué ha pasado en realidad? Quizás el mundo literario es sencillamente incapaz de mostrar nada. De todos modos, esa convicción mía de no estar equivocado apenas se ha movido desde hace treinta y cinco años. Puede que dentro de otros treinta y cinco años el futuro traiga otra cosa, algo nuevo, pero por mi edad no creo que llegue a verlo. Espero al menos que alguien pueda verlo por mí.

Lo que me gustaría decir a modo de conclusión es que las nuevas generaciones disponen de los materiales propios de su momento histórico. Teniendo en cuenta su peso y forma, el cálculo hay que hacerlo en sentido inverso e imaginar primero para qué va a servir el vehículo que los va a transportar y cómo va a ser y, a partir de ahí, ver la relación que existe entre esos materiales primigenios y el vehículo concreto que ha nacido de la realidad de una novela.

Cada época, cada generación tiene su propia realidad. Eso no cambia la importancia del hecho de recoger y acumular materiales con sumo cuidado, que resultarán imprescindibles para crear una historia.

En resumen, la idea más importante de este capítulo es que todo aquel que aspira a escribir debería observar con atención a su alrededor. Por muy insignificante que pueda parecer algo, el mundo está plagado de piedras preciosas en bruto tan atractivas como misteriosas. Los escritores están dotados de vista suficiente para dar con esas piedras, y encima no se puede obviar el hecho de que todo ese material excepcional es gratuito. Con la actitud adecuada se pueden recoger y seleccionar tantas de esas piedras preciosas en bruto como uno quiera.

¿Acaso existe otra profesión que ofrezca una oportunidad tan maravillosa como esta?

6

Que el tiempo se convierta en un aliado
¿Cómo afrontar la escritura de una novela larga?

Me dedico al oficio de escribir desde hace treinta y cinco años. En todo este tiempo he escrito novelas muy diferentes y de diversa extensión. Algunas hube de separarlas en varios volúmenes *(1Q84,* por ejemplo); otras, de una extensión también considerable, se publicaron en un único volumen *(After Dark),* y por último novelas cortas y relatos. Si se tratase de una armada, diría que la mayor parte de mis buques son acorazados, cruceros, destructores y submarinos (eso sí, ninguno de ellos con intención de atacar a nadie). Cada uno tiene su papel y su misión y como conjunto se despliegan en posiciones complementarias. En cuanto a la forma y la extensión que decido para cada novela, depende de mi estado de ánimo del momento. No escribo alternativamente una corta, una larga, y tampoco siguiendo un patrón regular, sino que esas decisiones las dejo al azar guiándome únicamente por lo que me dicta el corazón. Elijo con libertad la forma y, como ya he dicho, me guío solo por mi estado de ánimo del momento. Me digo a mí mismo, por ejemplo: «Ha llegado el momento de escribir otra novela larga», o «Me apetece escribir un relato». A la hora de decidirme por una u otra cosa nunca dudo. Intuyo claramente lo que quiero y cuando llega el momento de ponerme a escribir, me concentro sin distraerme con nada.

A pesar de todo, en esencia me considero un escritor de novela larga al que también le gusta escribir obras de una extensión breve o media y que cuando se pone a ello, lo hace en cuerpo y alma. Siento el mismo apego y dedicación por todo lo que he escrito, pero entiendo que mi terreno de lucha fundamental es la novela larga. Mis principales características, mi provecho como escritor, me parece que se plasman en ellas de una manera más eficaz y evidente. Aunque haya quienes no estén de acuerdo con esta afirmación, no tengo ninguna intención de discutir al respecto. Mi constitución física es como la de los corredores de larga distancia y eso es un hecho natural. Para que las cosas se estructuren y se levanten en el espacio tridimensional que les corresponde y en el medio ambiente que les corresponde, necesito una distancia determinada y también un tiempo determinado. Si lo comparo con un avión, diría que para levantar el vuelo me hace falta una pista de despegue más larga de lo normal.

Las novelas cortas, los relatos, son vehículos rápidos y muy eficaces a la hora de tratar detalles y aspectos que se escapan a las largas. Permiten ser audaz, probar fórmulas, frases, argumentos y usar materiales aptos solamente para esas extensiones breves. De algún modo, al escribirlas tengo la impresión de que puedo dar forma a ciertas cosas que habitan en mi corazón, como si atrapase delicadas sombras con una red. No me hace falta dedicarles mucho tiempo para concluirlas y, con la motivación adecuada, soy capaz de dejarlas listas en unos pocos días sin necesidad de preparación previa. Hay momentos en los que necesito esa forma ligera y flexible más que ninguna otra cosa. Sin embargo, y esto es solo una manera muy personal de entender las cosas, en la novela corta no puedo dejar de sentir una limitación evidente de espacio para plasmar con todas mis fuerzas cuanto quiero.

Cuando me propongo escribir una novela que para mí tenga un sentido importante, en otras palabras, una historia que podría llegar a cambiarme, necesito una gran extensión para usarla de manera ilimitada y con total libertad. Lo primero que hago, llegado el momento, es confirmar si dispongo de ese espacio y si tengo la energía suficiente para llenarlo. En caso afirmativo, comienza un trabajo a largo plazo y me invade una sensación como si abriera un grifo del todo. Nada puede reemplazar la satisfacción que siento en ese momento. Es algo especial que solo percibo en el momento de empezar a escribir una novela larga.

Visto desde esa perspectiva, para mí las novelas largas constituyen una línea de vida; y los relatos o novelas cortas, un campo de entrenamiento donde ejercitar los pasos que me llevan a ellas. Quizá me ocurre como a esos corredores de larga distancia que son capaces de batir un récord en los diez mil o en los cinco mil metros, pero cuya verdadera especialidad es la maratón.

En este capítulo me gustaría hablar sobre el trabajo y la mecánica de escribir novelas largas. Mejor dicho, basándome en eso me gustaría hablar en concreto de cómo escribo. Aunque hable de novelas largas como si tratara de un conjunto, cada una de ellas es peculiar tanto en la manera de ser concebida como en el lugar donde la he escrito, el tiempo que le he dedicado, además de su contenido. En cualquier caso, las reglas y el orden fundamental del proceso no cambian sustancialmente. (Hablo basándome en mi experiencia.) Todo ello ha terminado por convertirse en una especie de *business as usual,* o sea, un asunto corriente que al empujarme hacia modelos ya establecidos, al determinar un ciclo de vida y trabajo, me permite escribir una novela larga. Se trata de un empeño a largo plazo que exige una considerable energía, por lo que, en primer lugar, debo cimentar bien la base. De lo contrario, es muy probable que el empeño se frustre a mitad de camino.

Para afrontar la escritura de una novela larga lo primero que hago es, metafóricamente hablando, poner en orden todas las cosas encima de la mesa. Es decir, me pongo en modo de no hacer nada excepto dedicarme a ella. En el caso, por ejemplo, de que coincida con algún artículo pendiente, lo aparco por el momento. Cualquier encargo, por inesperado que sea, lo rechazo a no ser que sea algo de fuerza mayor. No puedo hacer dos cosas a la vez cuando me empeño en algo en serio. Es mi carácter. A veces lo alterno con las traducciones (a mi ritmo, eso sí), pues suelen ser encargos con una fecha de entrega flexible. Al ser la traducción un trabajo fundamentalmente técnico, la parte del cerebro que se ocupa de ello es distinta de la que necesito para la novela, y no se convierte en una carga. De hecho, es muy posible que acometer ambas cosas a la vez sea un beneficio para la mente, como lo es estirar bien después de hacer ejercicio.

Algunos colegas de profesión podrían decir: «Afirmas eso alegremente, pero para ganarse la vida como escritor no queda más remedio que hacer varias cosas a la vez. Si no, ¿cómo ganas dinero durante todo ese tiempo?».

Yo solo hablo del método que he creado para mí y que he logrado mantener hasta hoy. Sería estupendo que las editoriales dieran un anticipo antes de entregar una obra, pero en Japón ese sistema no funciona y, suponiendo que sí lo hiciera, dudo mucho que bastara para cubrir los gastos de la vida cotidiana durante el largo periodo de escritura. Es mi caso particular, pero desde el primer momento, cuando aún no vendía muchos libros, siempre he trabajado así. Es cierto que durante un tiempo compatibilicé la escritura con otro trabajo para ganarme la vida, pero era algo físico y ya entonces me impuse la regla de no aceptar encargos relacionados con la escritura. A excepción de algunos casos concretos al principio de mi carrera (no había definido todavía mi estilo propio y cometía algunos errores), esencialmente me dedicaba a escribir y nada más.

A partir de cierto momento continué escribiendo en el extranjero. De seguir en Japón habrían empezado a llegarme encargos (tal vez podría considerarlos interferencias), pero fuera de mi país siempre he tenido la posibilidad de concentrarme en la escritura sin pensar en nada más. En el momento concreto de empezar la redacción de una novela larga (un momento decisivo en el que determino cómo viviré durante ese periodo), siempre me ha parecido mejor estar lejos. La primera vez que me marché fue a finales de los ochenta, pero en aquel entonces tenía muchas dudas. Me preocupaba muchísimo saber si de verdad podría sobrevivir planteándome las cosas de esa manera. En cierto modo fue una bravuconería, pero necesitaba tomar la decisión de quemar mis naves, de destruir los puentes para no tener la opción de dar marcha atrás. A pesar del pequeño anticipo que me había dado la editorial después de insistir hasta el aburrimiento y de comprometerme con ellos a escribir un libro de viajes (obra que se publicó más tarde bajo el título de *Tooi Taiko* [Taiko lejano]), básicamente tenía que vivir de mis ahorros.

Al tomar una decisión drástica y buscar nuevas alternativas obtuve un buen resultado. *Tokio blues,* que escribí mientras residía en Europa, por casualidad se vendió bien (fue algo imprevisible) y gracias a ello pude establecerme y organizar ese sistema propio de escritura a largo plazo. La suerte se puso de mi lado, pero las cosas no sucedieron porque sí, y lo digo aun a riesgo de parecer arrogante. Las decisiones y mi evolución personal también jugaron su papel.

Para escribir novelas largas me impongo la regla de completar diez páginas al día. Se trata de un tipo de papel cuadriculado, específico para escribir en japonés, en el que caben cuatrocientos ideogramas, y la misma plantilla en el ordenador ocupa dos pantallas y media. Sin embargo, prefiero seguir con el cálculo antiguo de los cuatrocientos ideogramas por página. Aunque tenga ganas de escribir más, lo dejo en cuanto llego a las diez páginas; y si las cosas no salen según lo esperado, me esfuerzo por cumplir mi objetivo. La regularidad en un empeño a largo plazo es crucial. Si escribiera mucho cuando las cosas van bien y nada cuando van mal, no lograría ser regular. Escribo mis diez páginas a diario como cualquier persona que ficha a la entrada y a la salida del trabajo.

Habrá a quien le parezca que ese no es el trabajo de un artista, que más bien parece el de un obrero de una fábrica. Quizá tenga razón. A lo mejor los artistas no se lo plantean así, pero yo me pregunto: ¿por qué un escritor tiene que comportarse o ser como un artista? ¿Quién y cuándo ha decidido que debe ser así? Nada está decidido, ¿no es cierto? Cada cual puede escribir a su manera, como le resulte más conveniente. De entrada, admitir que no hace falta ser un artista constituye un alivio inmenso. Antes que artista, un escritor debe ser libre. Mi idea de una persona libre es la de aquella que hace lo que quiere, cuando quiere y como quiere. En lugar de esforzarse por ser un artista y preocuparse tanto por los demás, en lugar de vestir un rígido *kamishimo,* esos ropajes de los antiguos samuráis que impedían moverse con libertad, es mejor ser una persona corriente pero libre.

Isak Dinesen afirmó: «Escribo todos los días poco a poco, sin esperanza ni desesperanza». Al igual que ella, escribo todos los días mis diez páginas con calma, y hacerlo sin esperanza ni desesperanza me parece una forma muy afortunada de decirlo. Me despierto por la mañana temprano, me preparo un café y me siento a la mesa durante cuatro o cinco horas seguidas. Diez páginas al día suman trescientas al mes. Un simple cálculo da un resultado de mil ochocientas en seis meses. La primera versión de *Kafka en la orilla,* por hablar de un caso concreto, tenía mil ochocientas páginas. En su mayor parte la escribí en la costa norte de la isla de Kauai, en el archipiélago de Hawái. Era un lugar donde no había nada y llovía mucho, y gracias a eso avanzaba a buen ritmo. Empecé a principios de abril y terminé en el mes de octubre. Lo recuerdo bien porque coincidió con el arranque de la liga japonesa de béisbol y con las series finales. Ese año ganaron los Yakult Swallows, entrenados por Wakamatsu. Estaba muy contento de haber terminado la novela y de la victoria de los Yakult, de quien era fiel seguidor desde hacía muchos años. Solo lamentaba no haber podido ir al estadio a ver alguno de los partidos.

La diferencia entre la novela y la liga de béisbol era que una vez terminada la primera era como si empezase enseguida otra liga. Para mí esa es, precisamente, la mejor parte, la que merece una mayor dedicación. Cuando termino con la primera versión, suelo tomarme unos días de descanso (depende del caso, pero en general es una semana) y después empiezo con la primera reescritura. Es un trabajo considerable. Meto mucha mano en todo lo que he escrito y, por muy larga que sea, por muy compleja que resulte la trama, dejo la puerta abierta a la improvisación e incorporo cosas nuevas sin saber muy bien cuál puede ser su encaje definitivo. Hacerlo así me parece mucho más divertido que planteármelo todo en detalle desde el principio. Lo malo es que de ese modo muchas partes terminan por contradecirse con otras, por perder el hilo, incluso modifican el tono general de la historia o la fisonomía de los personajes. De igual modo, el orden cronológico puede acabar alterado. Durante el proceso de reescritura, debo dar coherencia al conjunto después de pulir las contradicciones. A veces no me queda más remedio que eliminar partes extensas, y, en otras ocasiones, aumentar o añadir aquí y allá nuevos episodios.

Cuando escribía *Crónica del pájaro que da cuerda al mundo,* por ejemplo, me pareció que una parte sustancial no se ajustaba bien a la historia y eliminé por completo varios capítulos hasta el extremo de escribir con ellos otra novela. Todo lo eliminado me sirvió de base para *Al sur de la frontera, al oeste del Sol.* Pero ese es un caso especial. La mayoría de las veces lo eliminado desaparece para siempre.

La primera reescritura suele llevarme dos o tres meses. Al concluir vuelvo a tomarme una semana libre antes de afrontar la segunda reescritura. Vuelvo a reescribir mucho desde el principio, con la diferencia de que en esta ocasión soy más minucioso, me fijo más en los detalles. Presto atención, por ejemplo, a la descripción de los paisajes y corrijo los diálogos. Pongo cuidado en que nada se desajuste con relación al desarrollo de la historia. Después leo todo de corrido y simplifico las partes difíciles de entender para que el relato fluya con naturalidad. No se trata de una gran operación, sino de la suma de muchas operaciones pequeñas. Cuando acabo, descanso otra vez para atacar enseguida la siguiente fase, que se acerca ya más al trabajo de corrección. En ese momento lo importante es discernir dónde apretar más los tornillos en el desarrollo de la novela y dónde aflojarlos.

Las novelas largas implican historias largas, por lo que si aprieto en exceso los tornillos en todos los detalles, puedo llegar a agobiar a los lectores. Es importante aflojar la tensión en determinadas partes. Un escritor debe entender bien esos ajustes, adquirir maña y aprender a equilibrar el conjunto. A eso es a lo que me enfrento en esa fase del trabajo. De vez en cuando, hay críticos que se toman la molestia de separar una parte concreta de una novela larga para diseccionarla, pero no me parece juego limpio. Esas partes más flojas o «chapuceras» (como dicen a veces), que quedan a la vista con ese método, son necesarias dentro del conjunto. Gracias a ellas, las partes donde los tornillos están más ajustados demuestran su eficacia.

Llegado a ese punto, hago todo lo posible por tomarme un largo descanso. Si puedo, guardo la novela en un cajón por un periodo de entre dos semanas y un mes y me olvido de su existencia. Mejor dicho, me esfuerzo por olvidarla. En ese tiempo viajo o me dedico a traducir cosas pendientes. Mientras escribo novelas largas, es tan importante el tiempo que dedico al trabajo como el tiempo en que no hago nada. En las fábricas o en las obras, a esa fase la llaman de recuperación. Hay que dejar que los materiales «duerman» durante cierto tiempo. De esa manera, el aire corre y el conjunto se solidifica. Eso mismo se puede aplicar a una novela. De no respetar ese tiempo, el resultado es endeble, no está del todo seco y no ha solidificado.

Cuando la novela ha dormido, reescribo determinadas partes con sumo cuidado. Tras el periodo de reposo, la impresión que me produce es muy distinta. Salen a la luz defectos antes invisibles, me siento capaz de distinguir qué tiene profundidad y qué no. Como todo ese material «durmiente», también mi cabeza ha descansado y se ha aireado.

Una vez que la novela ha reposado, la he reescrito y corregido, llega el momento de pedir opinión a una tercera persona. Mi primera lectora es siempre mi mujer. Así ha sido desde el principio. Su opinión es, digamos, la forma de darme a entender cómo debe sonar la música, de la misma manera que ocurre con el sonido que sale de los viejos altavoces que tenemos en casa (le pido disculpas por la comparación). Escucho toda clase de música a través de esos altavoces. No son especialmente buenos, tan solo unos JBL que compré en los años setenta. Son grandes, sí, pero comparados con los altavoces de hoy en día, su rango de frecuencias es limitado y tampoco se puede decir que separen bien el sonido. Digamos, más bien, que son una antigualla, pero me he acostumbrado a ellos y, para mí, su sonido ha terminado por convertirse en norma. La música que sale de ahí se ha convertido con los años en una parte más de mi anatomía.

En cuanto a los correctores que trabajan en las editoriales japonesas, a pesar de desempeñar una labor muy específica, no dejan de ser empleados de una empresa que pueden estar hoy aquí y mañana allá. Entiendo que puedan enfadarse conmigo al decir esto y es obvio que hay excepciones, pero en la mayoría de los casos se encargan de determinado autor solo porque así lo deciden sus jefes y no es posible saber a ciencia cierta hasta qué punto se implican con nuestro trabajo. En ese sentido, mi mujer, para bien y para mal, no está sometida a cambios ni a reestructuraciones. Es perfectamente capaz de observarlo todo desde un punto fijo. Como llevamos mucho tiempo juntos, entiendo e interpreto más o menos sus matices: «Si tiene esa impresión es porque le da este sentido y eso viene de aquí y allá». Digo más o menos, porque entenderlo todo de ella es imposible.

Eso no quiere decir que acepte sus opiniones sin más. He terminado una novela a la que he dedicado mucho tiempo y a pesar de haberme enfriado después de un periodo de descanso, aún tengo mucha sangre en la cabeza y acepto mal sus críticas. De hecho, me molestan y muchas veces discutimos. Si fuese el corrector de una editorial, una persona ajena a mí, no podría enfrentarme a él tan abiertamente, por lo que el hecho de ser familia se convierte para mí en una ventaja. En el día a día mi carácter no es particularmente impulsivo, pero en ese momento concreto sí. No me queda más remedio que liberar mis sentimientos.

Si ella critica algo en particular, suele tener razón o, como mínimo, admito que puede tenerla, aunque a veces me hacen falta varios días para aceptarlo. Otra parte de mí, por el contrario, se resiste: «No, no tiene razón». En ese proceso de incluir a una tercera persona me impongo una regla: si hay algo a lo que pone pegas, sea lo que sea, debo reescribirlo. Si hace indicaciones en determinado pasaje, lo reescribo de principio a fin por muy en desacuerdo que esté. Si el desacuerdo es total, lo reescribo con una orientación totalmente distinta a la aconsejada.

Aunque desatienda sus consejos, después de reescribir no me queda más remedio que admitir que el resultado es mejor. Cuando alguien señala algo determinado, la mayoría de las veces es porque hay algún problema al margen de si estoy o no de acuerdo con el sentido de la indicación. En ese punto concreto, la fluidez del relato se atasca y mi trabajo consiste en eliminar obstáculos. Cómo hacerlo es algo que decide cada cual. Aunque trate de convencerme a mí mismo de que está bien escrito y no hay nada que corregir, lo reescribo de todos modos. Es imposible alcanzar la perfección en una frase.

En esta fase del trabajo no tengo necesidad de reescribir siempre de principio a fin. Tan solo los puntos señalados, algunos pasajes. Al terminar le pido a mi mujer que relea las partes corregidas, volvemos a discutir y, si es necesario, lo escribo de nuevo. Una vez más lo vuelve a leer, y si no le convence, empiezo de nuevo. En cuanto hemos limado las asperezas, repaso desde el principio para que la totalidad de la obra no pierda fluidez. Allí donde hay desorden por haber tocado algo, lo corrijo. Es entonces cuando le pido al corrector de la editorial que la lea. He dejado, más o menos, de calentarme la cabeza y me siento capaz de hacer frente a sus objeciones con frialdad y objetividad.

Tengo una anécdota interesante y hasta cierto punto reveladora. Ocurrió mientras escribía mi novela *Baila, baila, baila* a finales de los ochenta. Era la primera vez que usaba un procesador de textos Word instalado en un ordenador portátil de la marca Fujitsu. El grueso de la novela lo escribí en un apartamento que teníamos alquilado en Roma, pero la parte final la completé cuando nos mudamos a Londres. Guardé el trabajo en uno de esos disquetes de la época y con él me marché a Londres. Sin embargo, una vez instalado en la nueva casa me di cuenta al abrir el archivo de que se había borrado un capítulo entero. Por entonces aún no estaba muy habituado al uso del ordenador y supongo que hice algo mal. Ese tipo de cosas ocurrían a menudo. El caso es que me quedé en estado de *shock*. Era un capítulo largo y estaba seguro de haber hecho un buen trabajo. No podía resignarme con el vano consuelo de que esas cosas simplemente ocurrían, pero tampoco lamentarme sin fin y agachar la cabeza abatido por una pérdida irreparable. Me esforcé por ser positivo y empecé a reconstruir todo lo que había escrito unas semanas antes con tanto esfuerzo. Gracias a eso logré resucitar el capítulo perdido. Cuando se publicó la novela, el capítulo desaparecido apareció por arte de magia. Se había traspapelado en algún vericueto del que no podía sospechar nada. Eran cosas que sucedían a menudo. Lo leí muy preocupado sin saber bien qué hacer en el caso de que estuviera mejor que el finalmente publicado, pero resultó que la nueva versión era mucho mejor.

Lo que quiero decir es que hay un margen de mejora para todo. Uno puede convencerse a sí mismo de haber escrito algo casi perfecto, pero siempre es mejorable. Por eso, en la fase de reescritura intento apartar a un lado mi orgullo y mi presunción y trato de enfriar al máximo la cabeza sin enfriarme yo del todo, pues eso me impediría acometer la reescritura. No queda más remedio que admitir las opiniones divergentes. Por mucho que me incomoden o me molesten, conviene aguantar el tipo y tragarse el orgullo. Una vez publicada la obra, es mejor no hacer demasiado caso a lo que se dice de ella, mantener las distancias. Si uno les presta demasiada atención, el cuerpo no lo resistirá (y es literal). Por el contrario, todo lo que a uno le comentan mientras escribe debe tenerse en cuenta con la máxima modestia y humildad. Así es como entiendo las cosas desde hace mucho tiempo.

He dedicado muchos años de mi vida a escribir y a veces me he topado con correctores con los que no había sintonía. En absoluto quiero decir que fueran malas personas, y, de hecho, lo más probable es que fueran muy buenos con otros autores, pero no encajaban conmigo. Escuchaba sus opiniones y me preguntaba si de verdad tenían razón o no. A veces, francamente, llegaban a ponerme nervioso y en algunos casos me irritaba, pero los dos trabajábamos en algo concreto y no me quedaba más remedio que superar el trance.

En una ocasión hice caso a uno de esos correctores y reescribí todo lo que me indicaba. Pero a casi todo le di una orientación completamente opuesta a la que sugería. Por ejemplo, en una parte me aconsejaba extenderme y en lugar de eso yo abreviaba, y donde sugería brevedad, yo alargaba. Soy consciente de lo violento de la situación, aunque admito que todo lo reescrito supuso una notable mejora. Esa novela en concreto mejoró mucho. Paradójicamente, ese corrector tan incompatible conmigo me resultó de lo más provechoso. Como mínimo me fue de gran ayuda si lo comparo con esos otros correctores que solo dicen cosas buenas.

En resumen, reescribir es fundamental. Es la actitud de un escritor frente a un trabajo que decide mejorar. Se sienta a su mesa de trabajo y mete mano aquí y allá hasta que las cosas encajen bien. Las sugerencias que determinada persona haga se pueden considerar secundarias. La mayor parte de las veces, el instinto y la intuición de un escritor brotan de sus decisiones, no de un proceso lógico de pensamiento o reflexión. Es como ponerse a dar palos en la maleza para espantar a los pájaros. Da igual cómo sean los golpes o el palo que usemos. Si los pájaros levantan el vuelo, el sistema habrá servido. Los pájaros obligan a nuestros ojos, que estaban a punto de posarse en un punto fijo, a seguir su movimiento. Puede resultar una estrategia un tanto brusca, pero es la mía. Me esfuerzo por dedicar todo el tiempo posible a la reescritura. Escucho las opiniones de la gente que me rodea (por mucho que me enfaden) y las acepto hasta convertirlas en referencias. Los consejos son importantes. La mayoría de los escritores que concluyen una novela larga dejan de entender por qué se les ha subido la sangre a la cabeza y ya no son capaces de discernir con claridad. Por otra parte, es imposible que una persona cuerda del todo se empeñe en escribir una novela larga. No pasa nada por perder un poco el juicio, pero como mínimo hay que mantener la conciencia de que se ha perdido.

Las opiniones de las personas cuerdas suelen ser cruciales para alguien que se ha metido en semejante atolladero.

No hay por qué aceptar sin más todas y cada una de las opiniones de los demás. Pueden estar equivocadas o resultar injustas, pero si son de una persona cuerda, al margen de su sesgo, pueden tener mucho sentido. Gracias a ellas, la cabeza se enfriará poco a poco hasta recuperar la temperatura adecuada. Las opiniones son el mundo en sí mismo. Al fin y al cabo, los lectores son personas reales que habitan el mundo, y si uno lo ignora, lo más probable es que el mundo termine por hacer lo mismo. Cada cual con lo suyo, pero cuando un escritor decide mantener una relación de normalidad con el mundo que le rodea (el caso de la mayoría, sin duda), es importante asegurarse uno o dos lectores fijos, y es lógico que den sus opiniones con franqueza y honestidad por mucho que nos molesten.

¿Cuántas veces reescribo? A pesar de lo directo de la pregunta no puedo dar un número exacto. Reescribo innumerables veces en las primeras etapas; reescribo después de entregar el texto a la editorial y recibir las primeras galeradas. Reescribo y reescribo una y otra vez hasta el extremo de aburrir a todo el mundo, y vuelvo a corregir las pruebas cuando me las mandan de nuevo. Ya he dicho antes que para este trabajo hace falta perseverancia, pero para mí eso no implica sufrimiento. Me gusta el empeño machacón y martilleante de leer una y otra vez las frases para comprobar sus resonancias, cambiar el orden e incluso expresiones o detalles en principio insignificantes. Me siento muy satisfecho cuando veo cómo las pruebas que me envía la editorial se emborronan con correcciones y los diez lápices HB que tengo encima de la mesa se van acortando cada día un poco más. No sé por qué, pero ese proceso me divierte. No me aburriría aunque tuviera que hacerlo hasta el infinito. Raymond Carver, un autor al que admiro y respeto, era también un maniático de esa mecánica del martillo. Escribió haciendo suyo el *leitmotiv* de otro autor: «Al fin he entendido que una novela se perfecciona después de releerla, de quitarle algunas comas y volver a leerla una vez más para poner las comas en el mismo sitio donde estaban». Entiendo perfectamente lo que quiere decir. He pasado muchas veces por esa experiencia. Al escribir una novela se llega a un punto delicado en el que se tiene la impresión de haber alcanzado un límite a partir del cual todo empeorará si volvemos a traspasarlo. A eso se refieren esas comas que desaparecen para aparecer de nuevo.

Ese es mi método para escribir novelas. Habrá lectores a los que les guste el resultado y otros a los que no. A mí mismo hay algunas que no me satisfacen del todo y siento que son manifiestamente mejorables. De escribirlas hoy, lo haría de una forma muy distinta. Cuando releo, encuentro muchos defectos y por eso casi nunca vuelvo a mis libros ya publicados, a no ser que haya una necesidad especial. Probablemente, cuando escribí cierta novela tal vez no fui capaz de hacerlo mejor. No dudo de haber hecho todo lo posible en su momento. Me esforcé por mejorarla disponiendo para ello de todo el tiempo que necesité sin escatimar energías. Digamos que peleé con todas mis fuerzas. Aún tengo la sensación física de haberlo dado todo. Nunca he escrito una novela larga por encargo y tampoco en un plazo de tiempo determinado. He escrito siempre lo que quería, cuando quería y como quería. Lo puedo afirmar con pleno convencimiento. Nunca me he arrepentido al pensar que debería haber escrito algo de otra manera.

El tiempo es un factor determinante en el proceso de creación de una obra. Especialmente en las novelas largas, la fase de preparación es de las más importantes. Es un periodo de silencio durante el cual se gesta y se desarrolla dentro de uno el brote de lo que está por venir, se manifiesta la necesidad de hacerlo. El tiempo de los preparativos, el tiempo para desarrollar una novela dándole una forma determinada, el tiempo en el que reposa en un lugar fresco y oscuro y el que se dedica a cincelarla con el martillo después de exponerla a la luz, después de examinar en detalle lo que se ha solidificado... Si se ha dedicado suficiente tiempo a cada uno de esos procesos, eso es algo que solo puede saber el propio autor. La calidad de ese tiempo en cada una de las fases quedará reflejada en la satisfacción que produce.

Si lo comparo con un ejemplo doméstico, sería algo parecido al agua caliente de la bañera en una casa cualquiera o al agua caliente en un balneario termal. Cuando uno se baña en aguas termales, aunque la temperatura no sea muy elevada, se calienta hasta la médula y no se enfría fácilmente al salir. Sin embargo, en la bañera de casa no nos calentamos de la misma manera y es fácil quedarse helado al salir. Creo que todo el mundo en Japón ha pasado por esa experiencia. La mayoría de los japoneses notan de inmediato, por el simple tacto de la piel, cuándo se trata de aguas termales y cuándo no, pero esa sensación no es tan evidente para quienes no tienen en su cultura el hábito de bañarse cada día en aguas termales.

En la buena música y en la buena literatura hay un punto parecido. Aunque el termómetro confirme que la temperatura de las aguas termales del balneario y la de la bañera son la misma, la diferencia se nota enseguida. Basta el roce de la piel para darse cuenta, pero explicarlo con palabras no resulta ni tan sencillo ni tan inmediato. «No sé», diríamos muchos de nosotros, «es algo que se nota en el cuerpo, pero no puedo explicarlo.» Quien afirme por el contrario que la temperatura es la misma y que todo se reduce a una simple sugestión, puede estar en lo cierto, pero yo me siento incapaz de hacerlo dado mi desconocimiento científico del tema.

Cuando publico una obra y recibo críticas (incluso cuando son inesperadamente duras) pienso con naturalidad: «Bueno, no puedo remediarlo». Soy consciente de haber hecho todo cuanto debía, de haber dedicado tiempo a la preparación, a la escritura, a la reescritura, al reposo y al trabajo de cincelado. Las críticas no van a lograr que pierda la confianza ni que me dé por vencido. Hay ocasiones, obviamente, en las que me vence una sensación de desagrado, pero no tiene importancia. Creo firmemente que lo conseguido a base de perseverancia se demuestra con el tiempo. El mundo está repleto de cosas que solo se pueden demostrar con el paso del tiempo. De no atesorar semejante convicción, tal vez me hundiría, por muy audaz o descarado que pueda ser. Pero si uno tiene claro que ha hecho cuanto debía, no hay nada que temer. Lo demás es mejor dejarlo en manos del tiempo. Manejar el tiempo con respeto y cortesía equivale, en cierta manera, a convertirlo en un aliado. Es lo mismo que sucede con las mujeres.

Raymond Carver escribió en uno de sus ensayos: «Cuando un amigo escritor me dijo que podía haber escrito algo mejor si hubiera dispuesto de tiempo, me dejó pasmado. Aún ahora, cuando lo recuerdo, vuelvo a quedarme estupefacto [...]. Si eso que había escrito no era lo mejor que era capaz de sacar de sí mismo, ¿para qué escribía? Al fin y al cabo, lo único que podremos llevarnos a la tumba es la satisfacción de haber hecho todo lo posible, la evidencia de haber trabajado con todas nuestras fuerzas. En ese mismo instante me hubiera gustado decirle: "Mejor dedícate a otra cosa. Aunque te ganes bien la vida con esto, hay trabajos más fáciles y honestos. En caso contrario, exprime al máximo todas tus capacidades y tu talento. Déjate de excusas y justificaciones. No te quejes"» (extracto de su obra *Fires: Essays, Poems, Stories*).

A pesar de su severidad, estoy totalmente de acuerdo con su planteamiento, que no deja de extrañarme, pues era una persona afable. No sé ahora, pero al parecer antes había muchos escritores que se jactaban de ser incapaces de escribir una línea si no sentían cerca la presión de la fecha límite. Me parece un comentario habitual en determinado tipo de hombres de letras y, a mi modo de ver, trasluce cierta chulería. Sinceramente, no creo que esa forma de escribir a toda prisa condicionado por una fecha pueda mantenerse eternamente. Aunque como estrategia funcione cuando uno es joven y durante un tiempo los resultados sean excelentes, visto con una perspectiva cronológica más amplia parece que el paso del tiempo termina por empobrecer el estilo de la obra, el resultado general.

En mi opinión, para que el tiempo se convierta en un aliado debemos ser capaces de controlarlo hasta cierto punto. No podemos dejar que sea el tiempo el que lo controle todo. Eso denotaría una actitud pasiva. Hay un dicho japonés que me gusta: «El tiempo y la marea no esperan a nadie». Si no tienen intención

157

de esperarnos, debemos tenerlo en cuenta, elaborar un plan, ser activos y dinámicos, cargarnos de intenciones. En suma, apartar de nosotros la pasividad.

No sé si mi obra se puede considerar sobresaliente, y en caso de que así sea, cuánto sobresale respecto a la de los demás. No debo tener en cuenta ese tipo de consideraciones. Ese tipo de juicios corresponde a los lectores. Lo que saca el verdadero valor de algo es el tiempo. Al escritor no le queda más remedio que aceptar la realidad en silencio. Lo único que puedo afirmar en este momento es que he dispuesto del tiempo sin escatimar; y si me sirvo de las palabras de Carver, diré también que me he esforzado hasta el último aliento para dar lo mejor de mí mismo. No creo que pudiera haber escrito mejor ninguna de mis novelas de haber dispuesto de más tiempo. Si no lo he hecho, es algo que solo se puede atribuir a mis carencias. Puedo lamentarme por ello, pero no me avergüenzo. Las carencias se pueden superar con esfuerzo, pero las oportunidades perdidas no se recuperan.

He inventado un sistema propio para escribir a lo largo de los años. Lo he cuidado mucho, lo he limpiado y engrasado y me he preocupado de que no se oxidara ni se cubriera de hollín. Como escritor, es algo que me enorgullece. Me gusta más hablar de ese tipo de mecánica que de las valoraciones o acabados de determinadas obras. Creo que merece la pena hablar de cosas concretas.

Si algunos lectores notan un calor profundo como el de las aguas termales, me sentiré verdaderamente satisfecho. También yo he buscado esa sensación durante mucho tiempo en la lectura y en la música.

Es más importante creer y confiar en nuestras sensaciones reales que en cualquier otra cosa. No importan los reproches. Como modelo, nada puede sustituir a una sensación real, ya sea para quien escribe o para quien lee.

7
Una infinita vida física e individual

Escribir novelas constituye un trabajo individual sin un final determinado, que se lleva a cabo en una habitación cerrada. Quien escribe se enclaustra en su estudio, se sienta frente a la mesa y se empeña en un único propósito, que es levantar una historia de la nada (en la mayoría de los casos) y en darle forma solo mediante palabras. Se trata de un proceso que transforma algo informe y subjetivo en algo definido y objetivo, o como mínimo en algo que pretende cierta objetividad. Ese podría ser el resumen más sencillo de lo que significa el trabajo diario de los escritores.

Tal vez no sean pocas las personas que no disponen de un estudio o una habitación propia. Tampoco yo lo tenía cuando empecé a escribir. Vivía en un pequeño apartamento en el distrito tokiota de Sendagaya (el edificio ya no existe en la actualidad), y cuando mi mujer se dormía, me sentaba a medianoche a la mesa de la cocina y empezaba a deslizar la pluma sobre el papel con su característico ruido seco. En esas condiciones escribí *Escucha la canción del viento* y *Pinball 1973*. A estas dos obras yo las llamo las novelas de la mesa de la cocina.

El comienzo de *Tokio blues*, otra de mis novelas, lo escribí sentado a la mesa de varias cafeterías, en el asiento de un ferry, en la sala de espera de un aeropuerto, a la sombra de un árbol en un parque y en habitaciones de hoteles baratos de distintos lugares de Grecia. Como no podía llevar siempre conmigo esas hojas de papel específicas para escribir en japonés, donde caben cuatrocientos caracteres, escribía en un cuaderno barato que había comprado en una papelería de Roma y apretaba la letra cuanto podía para aprovechar el espacio con mi bolígrafo marca Bic. Me resultó muy difícil: el ruido a mi alrededor me desconcentraba, la mesa donde trabajaba estaba coja, en una ocasión se me cayó el café encima del cuaderno sin querer, y en otra, mientras corregía a medianoche en el hotel, en la habitación de al lado, separada solo por un tabique muy fino, escuchaba el alboroto y los jadeos de una pareja. Visto ahora puede parecer incluso un episodio gracioso, pero en aquel momento me sentía hundido. No encontraba un lugar fijo donde instalarme y me moví mucho por Europa hasta terminar de escribir la novela. Aún conservo aquel cuaderno grueso con manchas de café, y de otras cosas que no sé identificar.

En el fondo, cualquier sitio donde uno se ponga a escribir se transforma de inmediato en una habitación cerrada, en un estudio móvil.

No creo que nadie escriba una novela solamente porque alguien se lo pide. Si lo hace, es porque hay un impulso íntimo muy potente de querer hacerlo. El estado de ánimo y el sufrimiento van aparejados al hecho concreto de la escritura.

Es obvio que se escriben muchas novelas por encargo. Muchos escritores han podido hacerlo en alguna ocasión. En lo que a mí respecta, mantengo desde hace muchos años el principio fundamental de no aceptar encargo alguno, pero puede que mi caso sea un tanto extraño. Muchos de los escritores en Japón suelen empezar a escribir cuando reciben un encargo por parte de alguna de las revistas que suelen publicar las editoriales, o escriben incluso una novela a petición de la propia editorial. En esos casos, lo habitual es que se establezca una fecha límite de entrega y en ocasiones reciben un adelanto.

A pesar de todo, no creo que haya una diferencia sustancial respecto a los escritores que escriben de forma voluntaria movidos solo por su impulso interior. Quizás algunos son incapaces de ponerse manos a la obra sin sentir la presión de una fecha límite, de un encargo, pero sin ese impulso interior al que me refiero no es posible escribir nada. Da igual que haya presiones externas que nos aprieten mucho; o que alguien se ponga a implorarnos con un montón de dinero en las manos.

El motivo es indiferente. Una vez que se empieza a escribir, quien lo hace está solo. Nadie va a acudir en su ayuda. Algunos autores pueden contar con colaboradores que se dedican a investigar sobre determinadas cuestiones, pero su trabajo consiste solo en reunir datos y materiales. Nadie puede poner orden en el interior de la cabeza de un escritor o de una escritora, nadie tiene la capacidad de encontrar por él o por ella las palabras adecuadas. Es un camino que se empieza solo, por el que se avanza solo y que se perfecciona por sí mismo. No es posible algo parecido a lo que hacen los lanzadores de béisbol profesionales de hoy en día, que lanzan hasta la séptima entrada y luego se sientan en el banquillo a descansar y a secarse el sudor de la frente mientras salen los jugadores de apoyo. En el caso de los escritores, no existen suplentes, por lo que aunque llegue el tiempo de prórroga o se esté en la quinta o décimo octava entrada, debe seguir lanzando él solo hasta el final del partido.

Para escribir una novela larga no me queda más remedio que encerrarme en mi estudio durante un año, dos o incluso a veces tres, y durante todo ese tiempo avanzo despacio en soledad sentado al escritorio. Me despierto de madrugada y me concentro en la escritura durante cinco o seis horas. Para sacar adelante el trabajo no me queda más remedio que pensar y pensar, y cuando noto que se me recalienta el cerebro (es literal, a veces aumenta la temperatura de mi cuero cabelludo), empiezo a distraerme. Después de mediodía me echo una siesta, escucho música o leo algún libro que no interfiera en mi trabajo. Con una vida de estas características es fácil que empiece a acusar la falta de ejercicio físico, por lo que procuro hacer algo todos los días al menos durante una hora. Después vuelvo a casa y me preparo para el trabajo del día siguiente. Un día tras otro, repito y repito los mismos actos como si fuese una especie de juramento. Decir que es un trabajo solitario tiene incluso algo de trivial. Hay que escribir una novela para comprender verdaderamente la dimensión de la soledad. A veces tengo la impresión de estar sentado en lo más profundo de una cueva. Nadie va a venir a ayudarme, nadie me va a dar una palmadita de ánimo en la espalda ni me va a decir lo bien que he trabajado hoy. El resultado final de ese esfuerzo puede recibir algunas alabanzas (si ha salido bien, claro está), pero el proceso de escribir queda al margen de los reconocimientos. Es la carga que cada uno debe soportar en soledad y en silencio.

Considero que tengo mucha paciencia para afrontar ese tipo de trabajo, pero, a pesar de todo, a veces me aburro y me dan ganas de dejarlo. Si no lo hago, es gracias al hecho concreto de acumular día tras día las horas de trabajo como un obrero que va poniendo ladrillos, y que me lleva a recordarme a mí mismo en determinado momento: «¡Ah! Después de todo, soy escritor». Gracias a eso acepto la realidad como algo positivo por lo que merece la pena felicitarme. Una asociación de alcohólicos anónimos en Estados Unidos tiene un eslogan que dice así: «*One day at a time*», día a día. A eso me refiero. El único camino es mantener el ritmo, resistir con firmeza el paso de los días. Con el tiempo, llega un momento en el que ocurre algo en nuestro interior, pero para que ocurra es imprescindible que pase cierto tiempo. Hay que ser paciente y esperar. Un día solo es un día. No pueden pasar dos o tres de golpe.

¿Qué hace falta para seguir adelante con semejante trabajo y no perder la paciencia?

Sin duda, la fuerza que otorga la persistencia. Aquel que solo logra mantener la concentración frente al escritorio durante tres días nunca se convertirá en escritor. Puede que haya alguien capaz de completar un relato en tres días, pero hacerlo, perder el hilo y volver a empezar desde el principio es un ciclo insostenible. Dudo que haya cuerpo capaz de resistir esos vaivenes. Aunque sea un escritor de relatos cortos, para ser profesional le hace falta un mínimo de constancia. Para llevar a cabo un trabajo continuo y mantener en el tiempo la actividad creativa, ya sea un autor de novelas o de relatos, resulta imprescindible esa fuerza que otorga la persistencia.

Mi fórmula es simple y única: adquirir esa fuerza esencial, y, para ello, adquirir también una fuerza física vigorosa y tenaz. Lograr que el cuerpo se convierta en un aliado.

Obviamente solo es una visión personal de las cosas nacida de mi experiencia y tal vez no sea válida para un contexto más general, pero en este libro hablo como individuo y es inevitable que me base en mis experiencias. Hay muchas otras formas de ver las cosas y cada uno tiene su propia opinión y su propia manera de hacer las cosas. Yo hablo solo de mi caso en particular y cada cual debe valorar si algo de lo que digo le conviene o no.

La mayor parte de la gente cree que el trabajo de escritor consiste únicamente en sentarse delante de una mesa y ponerse a juntar palabras. De ahí que no vean la relación con la fuerza física. Como mucho, basta un poco de fuerza en los dedos para pulsar el teclado del ordenador (o para mover la pluma sobre el papel). También está muy arraigada la idea de que la de escritor es una existencia insana, antisocial, casi mística, y que en ella no juega ningún papel el cuidado de la salud y el ejercicio. Entiendo ese modo de ver las cosas hasta cierto punto. No es fácil romper con los estereotipos que existen sobre los escritores.

Pero cualquiera comprenderá enseguida lo que digo si se sienta todos los días solo durante cinco o seis horas frente a la pantalla de un ordenador o donde sea, por ejemplo encima de una caja de mandarinas con el cuaderno entre las manos, se concentra y se empeña en un esfuerzo extraordinario con el único objetivo de construir una historia. Tal vez no sea tan difícil cuando se es joven, a los veinte o treinta años... En esa época de nuestra vida estamos henchidos de vitalidad y el cuerpo no se resiente por el trabajo duro. Es fácil concentrarse cuando hace falta y se puede mantener un nivel de concentración alto durante largos periodos de tiempo. Ser joven es magnífico, sin duda (aunque no tengo claro si volvería a mi juventud en caso de que pudiera). Hablando de manera general, diré que cuando uno entra en la mediana edad, por desgracia pierde fuerza, disminuyen la calidad y la frecuencia de su capacidad para hacer esfuerzos tanto repentinos como de largo aliento. Los músculos se debilitan y la grasa sobrante se acumula aquí y allá sin remedio. Perder musculatura y engordar se convierte en la principal y dolorosa tesitura a la que se enfrenta nuestro cuerpo. Para remediarlo, es imprescindible hacer un esfuerzo extra, hasta cierto punto artificial, que nos permita mantener un estado físico decente.

Cuando la fuerza disminuye (también esta es una idea mía de carácter genérico) decae con ella la capacidad de pensar. Se pierde agilidad mental, flexibilidad espiritual. En una ocasión me entrevistó un joven escritor y le dije: «Un escritor está acabado cuando engorda». Aunque fue una manera muy brusca de decirlo, y soy consciente de mi equivocación al hacer una afirmación tan categórica, sigo creyendo que hay una parte de verdad en ello. Los escritores suelen ocultar esa decadencia natural con la mejora de su técnica narrativa, con una mayor madurez intelectual. Aun así, hay límites.

Según las investigaciones actuales de los neurólogos, la cantidad de neuronas que se generan en el hipocampo del cerebro aumenta notablemente con el ejercicio aeróbico, por ejemplo, la natación o correr, considerados esfuerzos moderados si se practican de forma continuada. Si no hay ejercicio, las neuronas mueren al cabo de un día. Un auténtico desperdicio en opinión de los expertos, pero si por el contrario se las estimula intelectual y físicamente, terminan por activarse y conectarse a la red ya existente en el cerebro. Se integran así en el sistema de comunicación y transmisión con el entorno. Es decir, la red neuronal del cerebro se extiende, se hace más tupida. Gracias a ello, la capacidad de aprendizaje y la memoria aumentan y, como resultado, es posible modificar el pensamiento con mayor flexibilidad al tiempo que se desarrolla la creatividad. Los procesos mentales pueden ser más complejos y la capacidad imaginativa aumenta. La combinación diaria de ejercicio físico y trabajo intelectual, por tanto, produce un efecto idóneo para el trabajo creativo del escritor.

Cuando me convertí en escritor profesional empecé a correr, en concreto, cuando escribía *La caza del carnero salvaje*. Desde entonces, y durante más de tres décadas, tengo por costumbre salir a correr o ir a nadar durante una hora casi a diario. Físicamente me encuentro en forma y durante estos treinta años nunca he enfermado ni me he lesionado. Solo en una ocasión tuve un desgarro muscular producido mientras jugaba al *squash*, pero al margen del periodo de recuperación al que me obligó la lesión, he corrido prácticamente todos los días desde entonces. Incluso participo en maratones y en pruebas de triatlón una vez al año.

Hay gente que se admira de cómo puedo ser capaz de correr todos los días, de mi fuerza de voluntad, pero para mí el esfuerzo físico que deben hacer todas esas personas que trabajan por cuenta ajena y se suben a un tren atestado todas las mañanas es infinitamente más duro. Correr una hora todos los días no significa nada comparado con eso, y tampoco creo que mi voluntad sea especialmente fuerte. Me gusta correr y lo hago porque se ajusta bien a mi carácter. Por muy fuerte que sea mi voluntad, sería incapaz de hacer algo que no fuera conmigo durante treinta años.

De algún modo siento que haber organizado mi vida así me ha servido al mismo tiempo para mejorar mi capacidad como escritor, ha contribuido a que mi creatividad se reafirme. No puedo ofrecer datos objetivos para explicarlo, pero en mi interior siempre ha existido ese impulso, tan natural como real a la vez.

Por mucho que se lo explique a la gente más cercana a mí, nunca me toman en serio. La mayoría de las veces, por el contrario, se lo toman a broma. Hasta hace diez años más o menos, nadie entendía en absoluto de qué les hablaba y a menudo tenía que escuchar cosas como: «Si corres todos los días te vas a poner en forma, sin duda, pero no vas a escribir nada decente». En el mundo literario había una clara tendencia a menospreciar el ejercicio físico, y cuando se hablaba de salud o forma física, la gente solo se imaginaba una especie de «macho» con los músculos hipertrofiados. Ni siquiera entendían la enorme diferencia entre un ejercicio aeróbico diario cuyo fin es mantenerse en forma y el culturismo, que se basa en el uso de máquinas.

Durante mucho tiempo no llegué a entender lo que de verdad significaba para mí el hecho de correr a diario. Ganaba en salud, en efecto, en condición física, por supuesto. Eliminaba grasa, desarrollaba una musculatura equilibrada y controlaba mi peso. Pero siempre intuí que no solo se trataba de eso. Había algo más. Aparte de los beneficios físicos había algo aún más importante que no entendía exactamente. Explicar a los demás, por tanto, una cosa que ni siquiera yo comprendía me resultaba sencillamente imposible.

A pesar de todo mantuve el hábito de correr y no cejé en mi empeño. Treinta años es un periodo de tiempo muy largo, y para mantener ese hábito es imprescindible un considerable esfuerzo. ¿Por qué he sido capaz de hacer algo así? Porque me parecía que el acto de correr representaba de una manera clara y sencilla la esencia de algunas cosas que siempre he sentido que debía hacer en mi vida. Era una intuición, digamos, un tanto vaga, pero no por ello menos intensa y real. A pesar de que muchos días me sentía agotado, sin ganas de hacer nada, siempre he superado el bache y he logrado mantener mi estilo de vida. Con el tiempo he llegado al punto de salir a correr sin tener que buscar razones. Para mí la frase «Es algo que debo hacer y mantener como sea» ha terminado por convertirse en un mantra.

No digo que correr sea algo bueno en sí mismo, pues no significa nada más que eso: correr. No tiene nada de bueno ni de malo. Si a uno no le gusta, no hay necesidad de obligarse a hacerlo. Correr o no correr es una decisión libre de cada cual. No pretendo convertirme en un apologeta y decir alegremente: «¡Hala, vamos todos a correr!». De hecho, cuando paseo por la ciudad en las mañanas de invierno y veo a los chicos y chicas de instituto corriendo al aire libre durante la clase de educación física, me compadezco de ellos. «¡Pobres!», pienso. «Seguro que más de uno lo detesta.»

Con esto lo único que quiero decir es que para mí, como individuo, el acto de correr siempre ha tenido un sentido profundo. Siempre he sentido que era necesario, una forma de conseguir lo que quería. De algún modo la necesidad de correr me ha empujado por la espalda, me ha animado como hubiera hecho una voz cálida y susurrante: «¡Venga, ánimo! También hoy va a ser un buen día». En las frías mañanas de invierno, en los calurosos mediodías de verano, ese sentimiento me ha ayudado a resistir el cansancio.

Después de leer en una revista científica aquel artículo sobre el proceso de formación de las neuronas gracias al ejercicio físico, sentí de nuevo que todo lo que había hecho, que todos mis sentimientos e intuiciones no estaban en absoluto equivocados. De algún modo fue la confirmación de que escuchar lo que el cuerpo dice y siente es importante para una persona que cree en algo. Ya que el espíritu o la mente al final no dejan de ser extensiones del cuerpo. Me parece que la frontera entre espíritu, mente y cuerpo, aunque desconozco la opinión científica, no está clara y bien definida.

Lo repito una y otra vez aun a riesgo de que me tachen de pesado. Me disculpo por ello, pero aun así insisto en lo importante de este asunto.

El fundamento de todo escritor es contar una historia; expresado con otras palabras se puede decir que es penetrar en la parte más profunda de la conciencia. En cierto sentido es sumergirse en la oscuridad del corazón. Cuanto más grande es la historia, más debemos adentrarnos en esas profundidades. Lo mismo sucede con los cimientos de un edificio: cuanto más alto, más profundos deben ser. Cuanto más precisa sea la historia, más oscuridad habrá en los pasadizos subterráneos, más intensa y densa se volverá.

El escritor encuentra lo que necesita en lugares así, es decir, encuentra el alimento imprescindible para su novela y después regresa con ello al territorio exterior de la conciencia. Una vez allí, debe transformarlo todo en frases para darle forma y sentido. A veces la oscuridad está llena de peligros. Quienes la habitan tratan de ofuscar a quienes se aventuran en su territorio con muchas tretas, adoptan formas diversas y se presentan como todo tipo de fenómenos. Es un lugar donde no hay indicaciones ni tampoco mapas. Hay zonas, de hecho, que llegan a formar auténticos laberintos, como en las cuevas subterráneas. Un descuido y estaremos perdidos. Incluso puede darse el caso de no poder regresar a la superficie. Es una oscuridad donde se mezclan el inconsciente individual y el colectivo; también lo antiguo y lo actual. Lo llevamos todo dentro de nosotros sin ser verdaderamente conscientes de ello, por muy peligroso que pueda resultar.

Para oponerse a esa fuerza que emerge de un manto telúrico, para enfrentarnos a diario a los peligros que nos acechan, es imprescindible oponer una fuerza física que cada cual debe determinar por sí mismo. Es mejor estar preparado que no estarlo. No se trata de medir la fuerza con relación a otras personas, sino de entenderla como algo necesario para uno mismo. El hecho de escribir a diario me ha ayudado poco a poco a comprenderlo y a sentirlo de esta manera. El corazón y nuestro espíritu deben hacerse resistentes, y para que perduren así en el tiempo es imprescindible desarrollar la fuerza física, administrarla, no perderla. Al fin y al cabo nuestro cuerpo no deja de ser el recipiente que lo contiene todo.

Un corazón y un espíritu fuertes como a los que me refiero no son fuerzas reales en el mismo plano de la vida real. En la vida diaria, por ejemplo, yo soy una persona normal. A veces me hieren cosas insignificantes y otras veces me arrepiento de algo que no debería haber dicho. No puedo resistir determinadas tentaciones e intento alejar cuanto puedo las obligaciones que no me interesan. Me enfado con facilidad por cosas de escasa relevancia y suelo olvidar o no prestar atención a otras importantes. Procuro no recurrir a excusas, aunque a veces es inevitable, y por mucho que me repita que hoy no debería beber, al final saco una cerveza de la nevera y me la tomo. Gracias a todos esos detalles me doy cuenta de que no soy ni más ni menos que una persona normal. Incluso puede que esté por debajo de la media.

Sin embargo, si se trata de escribir novelas soy capaz de usar esa fuerza interior para obligarme a estar sentado a la mesa durante cinco horas al día. Esa fuerza que emana de dentro (al menos en gran parte) en mi caso no es innata. La he adquirido con el tiempo y lo he hecho gracias a un entrenamiento plenamente consciente. Creo que cualquiera puede hacerlo si se esfuerza, por muy difícil que resulte en apariencia. Es una fuerza que no admite comparaciones como sucede con la fuerza física. Solo sirve para mantenernos a nosotros mismos.

No estoy diciendo que haya que convertirse en un estoico o en un moralista. No veo una relación directa entre el estoicismo o la moral y la escritura de una buena novela. En absoluto. Tan solo digo que me parece que lo ideal es tener una mayor conciencia respecto a lo físico.

Ese modo de pensar y esa forma de vivir tal vez no coincidan con la idea general que se tiene sobre lo que es un escritor. Yo mismo no puedo evitar cierta inquietud al escribir sobre todo esto. Me pregunto si la gente no espera recibir proyectada la imagen de un escritor digamos «clásico», un escritor de vida caótica que descuida a su familia, que empeña los quimonos de su mujer para conseguir algo de dinero (puede ser un ejemplo un tanto anticuado), que se da a la bebida y va con otras mujeres, que hace lo que le viene en gana y que al final, gracias a esa personalidad conflictiva y a los sucesivos fracasos personales, consigue que brote la literatura. Me pregunto, por otra parte, si la gente no quiere escritores que a la vez sean hombres de acción, como los que participaron en la Guerra Civil española sin dejar de golpear las teclas de sus máquinas de escribir bajo el fuego enemigo. Puede que nadie quiera aceptar a un escritor que vive en un barrio residencial tranquilo, que lleva una vida sana, se acuesta temprano para levantarse también temprano, que no falta a su cita diaria con el ejercicio, al que le gustan las ensaladas y trabaja todos los días religiosamente la misma cantidad de horas encerrado en su despacho. Quizá con todo esto solo consiga chafar la imagen idílica que tiene mucha gente de los escritores.

Anthony Trollope, un autor inglés del siglo XIX, publicó una enorme cantidad de novelas y disfrutó de una considerable popularidad en su época. Empezó a escribir por pura afición y lo compatibilizaba con su trabajo en el servicio de Correos de Londres. Sin embargo, aunque alcanzó el éxito y destacó por encima de todos en el panorama literario de su época, nunca dejó su trabajo en el servicio de Correos. Se levantaba muy temprano, se sentaba a la mesa para escribir un número concreto de páginas fijadas de antemano y después salía de casa para ir al trabajo. Por lo visto era un funcionario muy capacitado y entregado, así que ascendió hasta lograr un puesto de responsabilidad. Es sabido que la instalación de los famosos buzones rojos de

Londres fue cosa suya, pues antes no existían. Le gustaba su trabajo y por mucho que su creciente fama como escritor le exigiera cada vez más, nunca pensó en dejarlo para dedicarse en exclusiva a la literatura. Sin duda fue un hombre peculiar. Murió en 1882 a la edad de sesenta y siete años. Su autobiografía se publicó a título póstumo y se basó en una serie de manuscritos que había dejado listos a tal efecto. Gracias a ello, por primera vez se supo algo sobre su vida rutinaria y poco romántica. Hasta entonces nadie sabía nada de él, y cuando el público conoció la realidad, tanto críticos como lectores se quedaron pasmados (o como poco desilusionados), y a partir de ese momento su popularidad y el aprecio que se le tenía en la Inglaterra victoriana de aquel entonces cayeron por los suelos. En mi caso, después de tener noticia de todo ello, su historia me fascinó. Me pareció un autor admirable, un hombre digno de reconocimiento y eso que le he leído poco. Obviamente, sus coetáneos tenían una opinión bien distinta. Sus memorias enfadaron a mucha gente que no entendió cómo semejantes novelas podían ser obra de un tipo tan aburrido. Tal vez los ingleses de la época idealizaban el concepto que tenían de los escritores y les atribuían rasgos fuera de lo común, una vida en cierto sentido extraordinaria. Me atemoriza que pueda ocurrirme algo parecido debido a la vida normal y corriente que llevo. El caso de Trollope termina bien, pues a comienzos del siglo XX su obra gozó de una considerable revalorización.

Franz Kafka, por cierto, también era un empleado, trabajaba en una empresa de seguros de Praga. Un profesional capaz y serio al que sus compañeros respetaban. Si se ausentaba de la oficina por alguna razón, parecía que el trabajo se acumulaba. Como Trollope, atendía sus responsabilidades sin descuidarlas y al mismo tiempo escribía, aunque, en su caso, el hecho de que muchas de sus obras estén inacabadas se debe, precisamente, al poco tiempo que le dejaba su otra profesión. No obstante, la vida ordenada y metódica de Kafka le mereció respeto y consideración, al contrario de lo que le sucedió a Trollope. Es extraño y hasta cierto punto enigmático el porqué de esa diferencia. Nunca se entienden bien del todo las razones de la gente para alabar o criticar a alguien.

En cualquier caso, lo siento sinceramente por aquellos que se esfuerzan en encontrar en los escritores ese ideal de persona un tanto al margen de todo. Aun a riesgo de ser repetitivo, diré que para mí la sobriedad y la monotonía resultan imprescindibles si uno quiere escribir.

La confusión habita en el corazón de todos. También en el mío, por supuesto. La confusión no se puede sacar a la luz. No es algo de lo que alardear. Si uno quiere enfrentarse a ella, no tiene más remedio que descender en silencio hasta las profundidades de su conciencia. Aquello a lo que debemos enfrentarnos, lo que merece la pena de verdad, solo existe ahí, oculto bajo nuestros pies.

Verbalizar esos procesos íntimos y hacerlo de una

manera fiel y honrada exige concentración, silencio, una persistencia inagotable y una conciencia sistematizada, al menos hasta cierto punto. Y para mantener todas esas cualidades resulta imprescindible la capacidad física. Quizá sea una conclusión poco llamativa, prosaica, pero resume el núcleo fundamental del modo que tengo de pensar en mí como escritor. Aunque me critiquen, aunque me alaben, si me tiran tomates podridos o me ofrecen preciosos ramos de flores, solo puedo escribir de esa manera, solo puedo vivir así.

Me gusta el acto en sí de escribir novelas. Por eso, vivir casi exclusivamente de ello es un motivo de profundo agradecimiento, una inmensa suerte que me permite llevar la vida que quiero. De no haber sido bendecido por la fortuna en determinado momento, no creo que hubiera sido capaz de lograrlo. Lo digo con toda honestidad. Más que fortuna, podría considerarlo un milagro. Tuviera o no talento para escribir, de no haberlo descubierto habría seguido dormido para siempre en lo más profundo de mí como un pozo de petróleo o una mina de oro que nadie saca a la superficie. Algunas personas sostienen la tesis de que si uno dispone de suficiente talento, terminará por brotar. Sin embargo, la experiencia me dice (y confío mucho en mis impresiones) que no siempre es así. Si el talento no está demasiado profundo, es muy posible que brote de forma natural, pero si está más hondo ya no resultará tan sencillo dar con él. Por muy abundante y excepcional que sea, si nadie se pone a cavar con pico y pala, lo más normal es que se quede enterrado bajo tierra para siempre. Miro mi vida con retrospectiva y me convenzo plenamente de ello. Para todo existe un momento, y cuando este ya ha pasado, la oportunidad que representaba casi nunca vuelve a aparecer. La vida es a menudo caprichosa, injusta, incluso cruel. Yo atrapé mi oportunidad por puro azar, y al mirar ahora desde la distancia siento que me ayudó la fortuna.

Pero la fortuna solo es una invitación a entrar. En ese sentido no tiene mucho que ver con un campo petrolífero o una mina de oro. No se trata de tumbarte al sol para disfrutar de la vida fácil en cuanto te sonríe. Tan solo es la entrada a un gran espectáculo, nada más. Una vez dentro, lo que debamos hacer, lo que debamos buscar, lo que vayamos a ganar o a perder y cómo haremos para superar los obstáculos que nos encontremos en el camino, dependerá de la habilidad, la capacidad y el talento de cada cual, de su calidad como persona, de su visión del mundo y, a veces, sencillamente, de su capacidad física. Nada de todo eso lo puede abarcar por sí misma la fortuna. Igual que hay muchos tipos de personas, hay muchos tipos de escritores, formas muy diversas de vivir y escribir. Formas divergentes de ver las cosas e infinitas posibilidades a la hora de decidir qué palabras usar y cuáles no. No es posible construir una teoría uniforme para todos. Lo que yo puedo aportar al respecto se basa solo en mi propia experiencia, en una visión determinada que puede tener algunos puntos en común con otros escritores. ¿Un espíritu vigoroso, quizás? Una voluntad firme que se esfuerza por escribir superando los momentos de vacilación, las críticas, las traiciones, los reveses y fracasos inesperados, la desconfianza, el exceso de confianza, y que sigue así día tras día sin dejar de superar los obstáculos que plantea la realidad.

Mantener semejante empeño en el tiempo termina irremediablemente por poner en cuestión nuestra forma de entender la vida. Me parece que antes de nada hay que vivir plenamente. Mi idea de lo que significa vivir plenamente tiene que ver con restablecer y cuidar el cuerpo, que es la estructura física que guarda nuestro espíritu, y avanzar firmemente con él hacia delante, paso a paso. Vivir es (la mayoría de las veces) una lucha a largo plazo que puede resultar incluso aburrida. A mí me resulta imposible llevar y mantener mi voluntad y mi espíritu hacia delante si no lo acompaño de esfuerzo físico. La vida no es fácil. Un desequilibrio hacia algún lado termina por significar, tarde o temprano, que la parte perjudicada se va a vengar (o a compensar). La balanza inclinada a un lado regresa inevitablemente a su posición original. La fuerza física y la espiritual son, por así decirlo, como las ruedas motrices de un coche. Si funcionan a la par, demuestran toda su eficacia.

Es un ejemplo intrascendente, pero cuando a uno le duelen las muelas no puede sentarse a la mesa y ponerse a escribir una novela. Ya puede tener una idea brillante, una voluntad de hierro, un talento fuera de lo común, o una buena historia, que la presencia de un dolor físico violento lo anulará todo. Lo primero es ir al dentista para solucionar el problema. Después ya nos sentaremos tranquilamente a escribir. Aunque simplificada, esa es mi idea fundamental.

Mi teoría puede parecer sencilla, pero resume lo que he aprendido a lo largo de mi vida. La fuerza física y la espiritual han de ser compatibles, estar equilibradas. Deben ocupar una posición complementaria, eficaz. La teoría cobra mayor sentido cuanto más largo es el periodo de lucha.

Si uno cree atesorar un genio excepcional y piensa que no necesita mucho tiempo para hacerlo brotar y dejar de paso a la posteridad unas cuantas obras tan inolvidables como valiosas para después consumirse como Mozart, Schubert, Pushkin, Rimbaud o Van Gogh, obviamente mi teoría no le servirá de nada. Es mejor que olvide por completo todo lo que he dicho hasta ahora y que haga lo que quiera y como quiera. Ni que decir tiene que admiro las vidas de esos artistas geniales y creo que sus existencias son imprescindibles en cualquier época. Pero cuando no sucede eso, es decir, cuando uno, por desgracia, no dispone de ese talento excepcional sino de uno limitado, entonces mi teoría, creo, demuestra su eficacia. Desarrollar una voluntad firme y al tiempo mantener el cuerpo, que constituye el armazón de esa voluntad, lo más sano y fuerte posible nos ayudará a mejorar nuestra calidad de vida y a mantener el equilibrio. Si no escatimamos esfuerzos elevaremos con naturalidad la calidad de nuestras creaciones, pero repito: esta teoría no se puede aplicar a artistas geniales.

¿Qué podemos hacer entonces en concreto para mejorar nuestra calidad de vida? Como es lógico, la respuesta dependerá de cada cual. Si preguntamos a cien personas, las cien respuestas serán distintas. La única alternativa es encontrar un camino propio, como cada escritor debe encontrar su estilo y sus propias historias.

Me sirvo de nuevo del ejemplo de Franz Kafka. Murió a causa de la tuberculosis a la edad de cuarenta años. A través de sus obras, la imagen que tenemos de él es la de un hombre nervioso, físicamente débil, pero por muy sorprendente que parezca, se preocupaba mucho de su salud, de su alimentación. En verano nadaba un kilómetro y medio más o menos al día en el río Moldava y durante el resto del año hacía gimnasia.

En el transcurso de mi vida he encontrado, con gran esfuerzo, una forma propia a base de ensayo y error. Trollope encontró la suya, como hizo también Kafka. Cada cual tiene la suya. Tanto física como espiritualmente, todos tenemos circunstancias distintas, pensamientos propios. Si mi camino puede servir de referencia de algún modo, es decir, si tiene algún rasgo que se pueda considerar universal, me alegraré profundamente de ello.

En este capítulo me propongo hablar sobre la escuela, sobre lo que ha significado para mí, las circunstancias concretas de mi experiencia personal y hasta qué punto me fue útil o no como escritor.

Mis padres eran profesores y yo también he enseñado en varias ocasiones en universidades de Estados Unidos (aunque carezco de título como docente), pero, honestamente, nunca he pensado que se me dé bien del todo enseñar y tampoco tengo claro que me guste. Con respecto a la escuela, no guardo un buen recuerdo (lo lamento) y no puedo evitar sentir cierta lástima por ello. A veces, incluso me recorre un escalofrío al rememorar aquella época. No quiero decir que la escuela en sí fuera un problema, quizás era yo el que lo tenía.

En cualquier caso, cuando terminé la universidad sentí un alivio inmenso al pensar «¡Se acabó!», como si me hubiera librado de pronto de un enorme peso que soportaba sobre los hombros. Nunca he sentido añoranza ni por la escuela ni por la universidad. ¿Por qué me tomo entonces la molestia de escribir sobre esa época? Tal vez porque aquello ya queda muy lejos siento, de algún modo, que ha llegado la hora de poner en orden lo que significó para mí la experiencia de la educación, lo que pienso o siento con respecto a la enseñanza en general. Al hablar de mí mismo es posible que deba aclarar ciertas cosas al respecto. Por otra parte, el hecho de haber coincidido en algunos encuentros con jóvenes que han pasado por experiencias negativas en la escuela puede ser otra de las razones.

Con toda sinceridad, desde el colegio hasta la universidad nunca se me dieron bien los estudios. No es que sacara malas notas, y tampoco iba retrasado con los estudios. De hecho, me manejaba más o menos bien, pero el acto en sí de estudiar no me gustaba y nunca me esforcé demasiado. El instituto de la ciudad de Kobe donde estudié era público, tenía cierto nivel —en Japón los institutos tienen categorías y procesos de selección— y estaba orientado a quienes pretendían entrar en la universidad. Era muy grande, con más de seiscientos estudiantes por grado, es decir, un total de mil ochocientos. La mía fue la generación del *baby boom*, de ahí esa enorme cantidad de estudiantes. Después de los exámenes se publicaban unas listas con los nombres de quienes habían obtenido las cincuenta mejores notas en cada una de las asignaturas y el mío nunca apareció en ninguna de ellas. Es decir, no fui un estudiante sobresaliente, y tampoco estuve nunca entre ese diez por ciento de los mejores. Como mucho me encontraba en la franja superior de la media.

La razón por la que no mostraba ningún entusiasmo en los estudios no es muy difícil de entender. En primer lugar, me aburría. No me interesaban, o, mejor dicho, me daba cuenta de que en el mundo había cosas mucho más divertidas. Leer, por ejemplo, escuchar música, ir al cine, bañarme en el mar, jugar al béisbol, con el gato y, ya de más mayor, al *mahjong* (al que jugaba con mis amigos toda la noche), salir con chicas y cosas por el estilo. Comparados con cualquiera de esas cosas, los estudios eran un soberano aburrimiento.

A pesar de todo, nunca pensé que desatendiera mis estudios para dedicarme a jugar a cualquier cosa por ahí. En mi fuero interno sabía que lo verdaderamente importante era leer muchos libros y entusiasmarme con la música (y tal vez salir con chicas). De algún modo intuía que todo eso era mucho más importante que los exámenes de la escuela. No recuerdo con exactitud hasta qué punto lo tenía claro o teorizado, pero sí lo suficiente como para pensar en lo aburrido que me resultaba estudiar, aunque, eso sí, si el tema me interesaba, me dedicaba a ello con gusto.

Otra de las razones de mi desinterés era que nunca me ha gustado competir con otras personas. No pretendo alardear, pero todos esos números que representan superioridad, como las notas, los *rankings* o los valores de desviación de la media (en mi época, por fortuna, aún no se había inventado eso), me dan igual. Supongo que es una cuestión de carácter. Obviamente, en algunos aspectos de la vida sí soy competitivo, pero no es algo que se manifieste con relación a otra persona.

Para mí, leer era lo más importante en aquella época de mi vida. No hace falta decir que existen infinidad de libros con un contenido mucho más profundo y emocionante que los del colegio. Al pasar las páginas de esos libros tenía la sensación, física y real, de que su contenido terminaba por convertirse en mi propia carne, en mi propia sangre. No me quedaban ganas de ponerme a estudiar en serio para los exámenes. No me parecía en absoluto útil memorizar fechas de acontecimientos del pasado, archivar palabras del inglés como si yo fuera una máquina. Los conocimientos aprendidos mecánicamente y no como un todo sistemático acaban por desaparecer y se quedan por ahí enterrados en alguna parte, en un lugar que podríamos considerar la tumba del conocimiento. En la mayoría de los casos no hay ninguna necesidad de retener nada de eso en la memoria.

Lógicamente, es más importante lo que permanece en nuestro espíritu a lo largo del tiempo, pero ese no es un conocimiento que tenga efectos inmediatos. Hace falta mucho tiempo para que dichos conocimientos demuestren su valor. Por desgracia, casi nunca guardan relación directa con las notas de los exámenes, que sí son algo cercano e inmediato. La diferencia entre los efectos inmediatos y los no inmediatos es como la diferencia entre una tetera pequeña y una grande. Las pequeñas resultan muy útiles porque calientan el agua enseguida, pero la enfrían con la misma rapidez. Las grandes tardan en calentarse, pero mantienen bien el calor. No se trata de darles un valor superior por ello, sino de reconocer su uso y su pertinencia. Me parece que es esencial reconocer esos usos distintos.

Más o menos cuando estaba a la mitad del instituto empecé a leer novelas en inglés, y eso que este idioma no se me daba especialmente bien. A pesar de todo, quería leer los textos en su lengua original, novelas aún no traducidas al japonés. Compraba lotes de ediciones en rústica en las librerías de segunda mano de Kobe. Leía despacio entendiera o no el significado. Al principio empecé movido por la curiosidad, pero transcurrido un tiempo, y gracias a la práctica, fui capaz de leer de corrido en alfabeto latino. En aquella época vivían muchos extranjeros en Kobe, venían muchos marineros al puerto de la ciudad y era fácil encontrar libros occidentales en las librerías de segunda mano. Mis lecturas favoritas eran novelas de misterio y de ciencia ficción con cubiertas llamativas escritas en un inglés sencillo. Ni que decir tiene que obras complejas como las de James Joyce o Henry James estaban a años luz de un simple estudiante de instituto. De todos modos, me acostumbré a leer en inglés de corrido y todo gracias a la curiosidad. No por ello, en cambio, mis notas de inglés mejoraron sustancialmente. Más bien siguieron en la media.

¿Por qué?, me preguntaba a menudo. Las notas de muchos de mis compañeros eran muy superiores a las mías, pero eran incapaces de leer un libro entero en inglés. Yo, por el contrario, no solo era capaz de hacerlo, sino de disfrutarlo. ¿Por qué las notas no mejoraban entonces? Después de darle muchas vueltas he llegado a entender que el objetivo de la enseñanza del inglés en los institutos de Japón no es el de enseñar la lengua viva que se habla en la actualidad. En ese caso, ¿cuál es? El único objetivo y casi exclusivo, diría yo, es el de hacer todo lo posible para sacar una buena nota en el examen de acceso a la universidad. Al menos para los profesores de inglés de mi instituto, ser capaz de leer un libro o de conversar con un extranjero no significaba nada. Más aún, su empeño fundamental era que nosotros, los estudiantes, memorizásemos palabras difíciles, cuantas más mejor, estructuras gramaticales complejas, formas del subjuntivo, el uso de las preposiciones... No digo que todo eso no sea importante. De hecho, como traductor enseguida me di cuenta de mis numerosas lagunas respecto a esas nociones básicas, pero en mi opinión todos esos aspectos técnicos de la lengua se pueden aprender o reforzar más tarde si uno quiere. De hecho, se adquieren con naturalidad mientras uno trabaja. Lo más importante para mí es tener claro para qué se quiere aprender inglés (o cualquier otro idioma extranjero). Si eso no está claro, el estudio se convertirá en una fuente inagotable de sufrimientos. Al menos en ese sentido siempre lo tuve claro. Yo quería leer en inglés. Nada más que eso.

El lenguaje es algo vivo, como las personas que lo usamos, y por eso necesitamos algo flexible capaz de adaptarse a la vida. Cada cual debería ser lo suficientemente libre para encontrar el punto de conexión con la lengua que sea que le resulte más eficaz. Tiene lógica, pero en el sistema educativo el planteamiento no es ese en absoluto, lo cual constituye, desde mi punto de vista, una auténtica desgracia. En mi caso, al final, lo que planteaba el sistema educativo y mi propio planteamiento terminaron por no coincidir, y esa es una de las razones por las que me aburría tanto, por mucho que fuera a clase todos los días con mis amigos y que en el aula disfrutase viendo a las chicas guapas.

Hablo de mi época, por supuesto, de cuando era un estudiante de instituto hace ya casi medio siglo. Imagino que desde entonces las cosas habrán cambiado mucho. El mundo está cada vez más globalizado, los sistemas educativos han mejorado gracias a la tecnología e imagino que todo resulta más sencillo y conveniente que antes. Por otro lado, tengo la impresión de que, a pesar del tiempo transcurrido, la idea fundamental que sustenta al sistema educativo, su funcionamiento básico, no parece haber cambiado tanto. Si hablo del aprendizaje de un idioma extranjero, a quien de verdad quiera aprender uno no le queda más remedio que marcharse fuera por su cuenta y riesgo. Al viajar por Europa, uno se da cuenta enseguida de que la mayoría de los jóvenes hablan un inglés fluido y lo leen sin dificultad (de hecho, las editoriales de algunos países europeos tienen serios problemas para vender las traducciones). Por el contrario, la mayoría de los jóvenes japoneses, ya sea para leer, escribir o hablar el inglés actual, tienen verdaderas dificultades. En mi opinión es un problema gravísimo. No me parece que mantener ese sistema educativo defectuoso tal cual sirva de nada, pues obliga a estudiar inglés desde primaria con muy escasos resultados. En semejantes circunstancias, parece que el único que saca beneficio de todo es el sector editorial dedicado a la enseñanza.

No se trata solo de la enseñanza del inglés o de cualquier otro idioma. Tengo la impresión de que el sistema educativo japonés, en general, no está pensado para potenciar la capacidad del individuo ni admite flexibilidad. Me parece que el objetivo es meter conocimientos en la cabeza de los niños según lo que dicta el manual de turno y enseñarles una técnica para superar los exámenes y las distintas pruebas de acceso a las que han de enfrentarse a lo largo de todo el periodo educativo. Profesores y padres parecen alegrarse o entristecerse solo en función del número de chicos que han logrado acceder o no a la universidad que sea y eso es lamentable.

Mis padres y mis profesores me aconsejaban a menudo: «Esfuérzate mientras estás en la escuela, si no, te arrepentirás toda la vida». Sin embargo, nunca se me ha cruzado por la mente semejante pensamiento. Más bien al contrario: debería haberme tomado más libertades, hacer lo que me diera la gana mientras aún estaba en la escuela. Tan solo malgasté el tiempo memorizando cosas tan absurdas como aburridas. Quizás exagero, pero creo que no me falta razón.

Tengo una tendencia innata a profundizar al máximo en las cosas que me gustan e interesan. No dejo nada a medias ni me digo a mí mismo a modo de excusa que ya es suficiente. No paro hasta que me doy por satisfecho, pero si la cosa en cuestión no me interesa, me ocurre todo lo contrario, soy incapaz de pasar de la superficie. No le dedico ni un segundo. Tengo claras mis preferencias, y si me veo obligado a hacer algo, cumplo por pura obligación en el menor espacio de tiempo posible.

Lo mismo me ocurre con el deporte. Desde el colegio hasta la universidad nunca me gustó la educación física. Vestirme con la ropa de deporte, salir al patio y ponerme a hacer ejercicios que no me apetecía hacer en absoluto era un verdadero suplicio. Durante mucho tiempo pensé que se me daba mal el deporte, pero en cuanto empecé a trabajar y a hacer ejercicio por voluntad propia me resultó muy divertido. Fue como si se me cayera una venda de los ojos. Jamás había imaginado que pudiera ser tan divertido. ¿Qué pasaba entonces con todo aquello que me obligaban a hacer en el colegio? El mero hecho de preguntármelo me dejaba atónito. Depende de cada caso y no se puede generalizar, pero si continúo con mi razonamiento, aun a riesgo de ser exagerado, diré que las clases de educación física parecen estar pensadas para que la gente termine por odiar el deporte.

Si recurro a esas distinciones de carácter que se suelen hacer entre perros y gatos y las aplico a mi propia persona, creo que daría un resultado de cien por cien gato. Si alguien me dice que mire a la derecha, mi tendencia innata es mirar a la izquierda. Lamento actuar así en ocasiones, pero para bien o para mal es mi naturaleza. A mi modo de ver, en el mundo existen naturalezas de todo tipo, pero el sistema educativo en el que me formé tenía como único objetivo transformar mi carácter hasta convertirme en un perro dócil y fiel que sirve a su comunidad. A veces me parecía incluso que la intención real y no declarada era la de convertirnos a todos en ovejas para que la totalidad del grupo resultara fácil de pastorear.

Para ser justo diré que no es una tendencia exclusiva del campo educativo. Creo que impregna a todo el sistema social japonés, desde las empresas hasta la burocracia o a cualquier aspecto de la realidad del país. Todo ello, el recrudecimiento del valor supremo otorgado a los números estadísticos, la tendencia a buscar únicamente efectos inmediatos o útiles, la fijación por aprender de memoria como las máquinas, ejerce una influencia nefasta en diversos campos. No cabe duda de que durante una época ese sistema utilitarista funcionó. Fue el momento del progreso económico a cualquier precio, cuando la sociedad en su conjunto tenía claro un objetivo. Quizás en ese contexto concreto plantear las cosas así fuese lo más apropiado. Sin embargo, una vez finalizada la posguerra y la reconstrucción del país, una vez que el crecimiento acelerado de la economía se estabilizó y terminó por estallar a finales de los años noventa una burbuja que evidenció un fracaso completo, ese sistema social que proponía organizar una flota para avanzar todos juntos en línea recta hacia un objetivo compartido dejó de servir. Había cumplido su función y había pasado su momento. Lo que sucediera a partir de entonces se convertiría en algo inasible, no cuantificable o sintetizable en términos de un horizonte único.

Un mundo habitado por gente con un carácter egoísta e individualista como el mío sería, sin duda, un verdadero problema. Pero si me sirvo de la metáfora anterior de la tetera grande y la pequeña, diré que no queda más remedio que usar ambas al mismo tiempo cuando las circunstancias así lo exijan. Cada cual se servirá de ellas en función de sus necesidades, del uso que quieran darle, de sus objetivos. Del sentido común, al fin y al cabo. Una sociedad capaz de asumir e integrar distintos puntos de vista y formas de pensar será capaz de avanzar lenta pero segura en la dirección correcta. Es decir, el sistema en su conjunto habrá evolucionado para refinarse.

El consenso es imprescindible en cualquier sistema social, sin él nada funciona. A pesar de todo, las personas que se salen de la norma, que se distancian de los consensos, también deben ser respetadas por pocas que sean. Como mínimo habría que admitir su existencia en el campo visual, es decir, verlas. En una sociedad madura, ese tipo de equilibrios constituye uno de los elementos más importantes. En función de cómo se equilibre, la sociedad alcanzará un mayor o menor grado de introspección y profundidad. La sociedad japonesa actual, a mi modo de ver, no ha tomado aún ese rumbo.

Cuando leo las informaciones que hablan sobre el accidente nuclear de Fukushima en marzo de 2011 y sobre sus consecuencias, tengo la profunda impresión, y eso me deprime mucho, de que fue un desastre inevitable provocado por el propio sistema social japonés. Probablemente muchos de mis compatriotas han tenido la misma impresión. El accidente provocó el desalojo de más de diez mil personas, que fueron obligadas a abandonar su tierra natal y ni siquiera saben aún cuándo podrán regresar o si podrán hacerlo algún día. Siento un profundo dolor cuando pienso en ello. La causa inmediata del desastre fue natural, cierto. Una catástrofe mucho mayor de lo que nunca se imaginó o calculó. A todo ello se sumaron una serie de desafortunadas coincidencias que, empujadas hasta el extremo de la tragedia por defectos estructurales y deformaciones propias del sistema, terminaron por convertirlo todo en una trampa mortal. Se puede atribuir una culpa directa al nefasto hábito de no asumir responsabilidades, a la imposibilidad de formarse juicios acertados y rápidos, que son defectos congénitos en la médula misma del sistema. La falsa idea de la eficacia ha terminado por barrer la imaginación hasta el punto de ser incapaces incluso de sentir o suponer el dolor ajeno.

Solo por presentar un buen rendimiento económico se favoreció la energía atómica y se estableció como política de interés nacional. Se ocultaron los riesgos y se hizo deliberadamente. De hecho, los riesgos que presenta esa energía son muchos y diversos. En resumen, en esta ocasión ya no hemos podido aplazar la deuda y hemos acabado pagando una terrible factura. Si no ponemos el foco sobre esa idea de avanzar a cualquier precio que se ha infiltrado hasta la médula de la sociedad, si no lo dejamos claro y lo corregimos desde su base, en algún momento ocurrirá otra tragedia parecida.

Tal vez sea cierto que la energía nuclear resulta imprescindible para un país sin recursos propios. Me opongo a ella por principio, pero si está debidamente gestionada por parte de una administración en la que se puede confiar y por un órgano independiente que vigila de cerca a la vez que hace pública la información relevante, tal vez así haya un poco de margen para negociar. Pero cuando existen instalaciones con el potencial de producir daños mortíferos e irreversibles como las centrales nucleares y con un sistema que puede llevar al país a la ruina (no olvidemos que el accidente de Chernóbil fue la causa inmediata del desplome de la Unión Soviética), cuando quienes las administran son empresas cuyo objetivo primordial es atender a los números y quien vigila a esas empresas es una burocracia sin empatía alguna con la gente, empeñada solo en obligarnos a funcionar como las máquinas, en que aceptemos sin rechistar los designios de la autoridad, los riesgos son tan evidentes como terribles. El resultado de todo ello ha sido envenenar la tierra del país, trastocar la naturaleza, afectar gravemente a la salud de la población, minar la confianza que generábamos como nación y robarles el lugar donde vivían a miles y miles de personas. ¿Acaso no fue eso lo que ocurrió en Fukushima?

Admito que me desvío del tema, pero lo que quiero señalar es que las contradicciones implícitas en el sistema educativo japonés están directamente relacionadas con las contradicciones del sistema social. Sea como fuere, nos encontramos en un punto en el que ya no podemos obviar por más tiempo esas contradicciones.

Vuelvo al asunto de la escuela.

En mi época de estudiante, de finales de los cincuenta a principios de los sesenta, las burlas y los matones no eran un problema grave. Eso no quiere decir que no hubiera problemas en los colegios o en el sistema educativo. De hecho, creo que había muchos. Pero al menos yo casi nunca presencié nada de esa índole. Pasaban cosas, pero no llegaban a ser graves. Creo que se debía a que la guerra había terminado hacía poco, el país era pobre y el objetivo común estaba claro: la reconstrucción y el desarrollo. A pesar de los problemas y de las contradicciones, el ambiente general era positivo. Ese ambiente influía en los niños, aunque no fuera algo tangible. No había nada negativo que tuviera un impacto similar en el día a día de la vida de los niños. En resumen, dominaba un sentimiento positivo y existía el convencimiento general de que los problemas y contradicciones terminarían por desaparecer de seguir así. Por eso, aunque no me gustaba mucho la escuela, iba todos los días sin más, asumiendo que era lo lógico y normal.

Sin embargo, los conflictos en los centros educativos se han convertido hoy en día en un gran problema social, hasta el extremo de que casi a diario aparecen noticias en los periódicos o la televisión informando sobre algún caso. No son pocos los niños que han terminado por suicidarse después de soportar todo tipo de vejaciones. Solo puedo decir que es una tragedia sin paliativos. Los expertos han estudiado el tema y se han tomado medidas para frenar el problema, pero no parece que la tendencia se haya revertido como debería.

No se trata solo de burlas o de problemas entre los chavales. Al parecer, también los profesores padecen muchas dificultades. Hace algunos años, por poner un ejemplo, una chica murió aplastada por los portones de su instituto cuando trataba de entrar en el último segundo después de que sonara la señal que anunciaba el comienzo de las clases. Los responsables se justificaron argumentando que muchos estudiantes llegaban tarde y no les había quedado más remedio que tomar medidas drásticas y cerrar pasara lo que pasase. Llegar tarde no es digno de alabanza, por supuesto, pero poner en riesgo una vida solo por el hecho de llegar unos minutos tarde al instituto es injustificable.

En la mente del profesor encargado de cerrar la puerta, la idea obsesiva de evitar retrasos había terminado por convertirse en una obsesión y su visión intransigente del mundo le había desequilibrado. En mi opinión, una idea equilibrada del mundo es precisamente una de las cualidades más importantes que se deben fomentar. En las noticias de la época en que tuvo lugar aquel terrible suceso, se publicaron en cambio los comentarios de algunos padres que defendían al culpable: «Era un buen profesor al que le entusiasmaba la enseñanza...». Cosas de ese tipo. Personas capaces de decir algo así después de lo ocurrido demuestran tener un problema considerable. ¿Adónde fue a parar la conmiseración y el dolor por esa vida perdida, por esa chica que murió aplastada por las puertas de entrada a su instituto?

Puedo imaginar una escuela que deja morir aplastados a sus estudiantes en un sentido metafórico, pero un instituto donde sucede eso en realidad supera todos los límites de mi imaginación.

Un centro de enseñanza enfermo como ese (creo poder afirmarlo sin correr el riesgo de exagerar) es el reflejo de un sistema social enfermo. Si la sociedad como conjunto irradia una fuerza natural intrínseca acompañada de un objetivo claro, aunque existan muchos problemas que afecten a su sistema educativo, podrá corregirlos y superarlos sin grandes dificultades gracias a una dinámica interna propia. Pero si esa dinámica se pierde y se instala una sensación general de estancamiento, el lugar donde antes y más violentamente empiezan a mostrarse los problemas es, precisamente, en las escuelas, en el sistema educativo, en las aulas. ¿Por qué? Porque la sensibilidad de los niños y de los jóvenes capta antes esos aires turbios. Son como los canarios que se usaban en las galerías de las minas para detectar el grisú.

Cuando era pequeño, insisto, la sociedad tenía una perspectiva. Aunque se produjera un conflicto entre un individuo y determinada institución, esa perspectiva terminaba por integrarlo de algún modo y no llegaba a mayores. La sociedad en su conjunto se movía y ese movimiento terminaba por fagocitar muchas frustraciones y contradicciones. Dicho de otro modo, había márgenes y huecos por los que uno podía escapar cuando tenía problemas. Pero ahora que la época del crecimiento económico acelerado ha terminado, después del estallido de la burbuja y sus consecuencias, es muy difícil encontrar vías de escape. Ya no sirve el recurso de dejarse llevar por la corriente para salir adelante. Necesitamos encontrar soluciones nuevas para problemas nuevos y graves como los que plantea el sistema educativo, que son la consecuencia de una sociedad sin refugios. En primer lugar nos hace falta crear un espacio donde encontrar esas soluciones.

¿Cómo podría ser ese lugar? En mi opinión, un espacio donde el individuo y el sistema se puedan mover con libertad, donde encontrar una relación sana y eficaz para las partes, donde negociar con calma. Es decir, un lugar donde podamos estirarnos a placer y respirar tranquilos. Un lugar donde podamos alejarnos de las instituciones, de las jerarquías, de esa idea terrible de la eficacia, de las burlas de los demás. Expresado con palabras sencillas, un lugar donde encontrar un refugio cálido por muy provisional que sea, donde cualquiera pueda entrar y salir libremente. Un lugar, por así decirlo, a una distancia equidistante entre el individuo y la comunidad, donde elegir a qué distancia estar de los extremos sea decisión de cada cual. Si tengo que darle un nombre, le llamaría «espacio de recuperación del individuo». Puede ser un espacio pequeño. No hace falta que sea grande. Puede ser incluso estrecho y estar hecho a mano, pero lo importante es que nos permita probar alternativas, demostrar que algo funciona, desarrollarlo. De ser así, solo habría que extenderlo poco a poco. Así veo yo las cosas. Podemos tardar tiempo en lograrlo, pero me parece la forma más correcta de proceder, la que tiene más sentido. Me gustaría que lugares de esas características aparecieran con naturalidad en muchos sitios.

El peor escenario posible es aquel en el que el ministro de Educación de turno, por ejemplo, presiona desde arriba para terminar de incorporarnos a determinada institución. De lo que se trata ahora es de recuperar al individuo, no de formar un cuerpo social compacto y homogéneo. Afrontar este problema desde una perspectiva institucional terminaría por invertir el orden de las cosas hasta convertirlas en una farsa.

Hablo desde mi experiencia personal, pero al echar la vista atrás me doy cuenta de que la mayor ayuda que tuve en mi época de estudiante me la proporcionaron algunos amigos íntimos y los libros. Si hablo de libros, hago hincapié en que leía con avidez todo cuanto caía en mis manos. Me daba igual el género, el autor, lo que fuera. Para mí eran como el combustible que se arroja con una pala a una caldera hirviente. Ocupaba mis días en la lectura deleitándome con cada uno de los libros mientras los digería (aunque en muchos casos, lo reconozco, no lo logré). Apenas tenía margen para pensar en otra cosa que no fueran los libros, pero estoy convencido de que para mí fue algo bueno. Si me hubiera puesto a mirar a mi alrededor, a pensar en serio en las contradicciones, en las mentiras o en toda la falsedad que me rodeaba, de haberme enfrentado a lo que no me convencía, quizás habría terminado acorralado en un callejón sin salida en una situación muy comprometida.

Para mí, siendo un chaval de poco más de diez años cuando empecé, tuvo mucho sentido leer libros que ampliaron mi visión de las cosas. Fue un proceso natural. Con ello quiero decir que mi punto de vista sobre la realidad se enriqueció al experimentar como propios los sentimientos que describían los libros. Gracias a la imaginación iba y venía con total libertad por el tiempo, por el espacio; contemplaba infinidad de paisajes desconocidos y, sin saberlo, permitía que un sinfín de palabras atravesasen mi cuerpo. Es decir, no solo veía el mundo desde donde me encontraba, sino que terminé por observarme a mí mismo desde un lugar lejano mientras contemplaba el mundo.

Si uno solo ve las cosas desde su punto de vista,

el mundo se hace pequeño, se espesa. Es irremediable. Al mismo tiempo, el cuerpo se endurece, el juego de piernas se ralentiza y terminamos por ser incapaces de movernos como nos gustaría. Por el contrario, si uno es capaz de mirarse a sí mismo y el lugar que ocupa desde distintos ángulos, es decir, ocupar otros sistemas, el mundo se expandirá, se convertirá en un lugar más flexible y tridimensional. Me parece que esa es la actitud fundamental para vivir en este mundo. En mi caso fue una suerte inmensa llegar a ella a través de la lectura. De no haber leído tantos libros estoy seguro de que mi vida habría sido más gris, deprimente incluso, apática. Leer fue mi gran escuela, ese lugar construido especialmente por y para mí, donde aprendí muchas cosas importantes de la vida. En ese lugar no existían reglas absurdas ni juicios de valor en función de números o estadísticas. Tampoco había competitividad, no había nadie interesado en alcanzar el primer puesto de ningún *ranking*. Como es obvio, tampoco había burlas ni matones. Era yo quien creaba mis propias instituciones desde dentro de una gran institución. El espacio que imagino para la recuperación del individuo se acerca mucho a ese concepto. No se limita a la lectura, por supuesto. Ya se trate de niños incapaces de adaptarse a la institución que representan los colegios y los institutos o de niños que no manifiestan interés por los estudios, si logran crear y ocupar ese espacio propio de recuperación del individuo, si encuentran algo adecuado a su nivel existencial y empiezan a desarrollar sus posibilidades a su ritmo, estoy convencido de que serán capaces de superar con naturalidad todos los muros y obstáculos que les pongan delante las instituciones que los rodean. Pero para lograrlo hace falta que la comunidad y la familia muestren comprensión y valoren lo que significan y representan un corazón y un espíritu como esos, una forma de vivir individualizada.

Mis padres eran profesores de lengua (aunque mi madre dejó de trabajar cuando se casó). Nunca me reprocharon que leyese demasiado. No estaban contentos del todo con mis notas, pero nunca me obligaron a dejar la lectura para estudiar para un determinado examen. Puede que me lo dijeran en alguna ocasión, pero no lo recuerdo como una exigencia. Es una de las cosas que más les agradezco.

Vuelvo a repetir. Nunca me ha gustado la institución que representa la escuela. He tenido algunos profesores excelentes y he aprendido en ella unas cuantas cosas importantes. Sin embargo, en el cómputo general debo decir que la mayor parte del tiempo que pasé en ella fue tan inútil como aburrido. Cuando mi vida de estudiante llegó a su fin, estaba tan inmensamente aburrido que lo único que quería era no aburrirme nunca más en toda mi vida. Me lo propuse con todas mis fuerzas, pero en esta vida el aburrimiento parece caer del cielo, brotar de la nada.

Se me ocurre que quizás una persona a la que le gustaba la escuela y que se entristeció mucho cuando terminó su etapa escolar no llegue nunca a convertirse en escritor. Un escritor es un individuo que crea un mundo propio en su interior y lo hace crecer día a día. Me recuerdo en clase entregado por completo a mi imaginación, sin prestar atención a lo que ocurría en el aula. Si volviese a ser niño en este instante, sería incapaz de adaptarme, y en las condiciones actuales terminaría por padecer fobia. En mi niñez al menos, la fobia al colegio apenas existía y nunca la sufrí.

Da igual la época, da igual de qué mundo se trate, la imaginación tiene un sentido crucial. Uno de los conceptos opuestos a la imaginación es la eficacia. Lo que expulsó a miles de personas de su tierra natal en Fukushima tiene su origen en esa idea de la eficacia. Atribuir a la energía nuclear en este caso el valor fundamental de la eficacia y convertirla por tanto, en algo bueno sumado a la ficción del mito de la seguridad fue la operación que terminó por desatar la catástrofe de la que Japón no podrá recuperarse jamás. Se puede decir que fue una derrota de nuestra imaginación, pero aún no es tarde. Como individuos debemos levantar un andamiaje de ideas y pensamientos libres que sirva para oponernos a un sistema de valores nocivo y peligroso basado en conceptos como la rapidez y la eficacia. Nuestra obligación es hacer extensivo ese andamiaje a otras comunidades.

En cuanto a mi deseo respecto al sistema educativo, no es que enriquezca la imaginación de los niños. No llega a tanto. Los únicos que pueden enriquecer la imaginación de los niños son los propios niños. No tiene que ver con los profesores ni con las instalaciones donde se imparte la enseñanza. Mucho menos con el país, con la provincia, con el municipio o con la orientación que pueda tener la política docente. Tampoco todos los niños poseen una imaginación rica, no nos engañemos. De igual manera que a unos se les da bien correr y a otros no, hay niños imaginativos y otros que no lo son especialmente. Es lógico. Es la sociedad en sí misma. Si determinásemos que los niños deben desarrollar una imaginación rica, si lo convirtiésemos en un objetivo, los efectos, como poco, serían extraños.

Mi deseo con relación al sistema educativo es sencillo: que no aplaste la imaginación de los niños que la tienen. Eso me parece suficiente. Me gustaría que les dejasen espacio para que sus personalidades encuentren un camino propio, una forma de sobrevivir. De ser así, las escuelas se convertirían en lugares libres y enriquecedores, y, por consiguiente, la sociedad terminaría por transformarse y evolucionar en la misma dirección.

Es lo que pienso en mi condición de escritor, aunque soy consciente de que por el hecho de pensarlo no va a cambiar nada.

9
¿Qué personajes crear?

A menudo me preguntan: «¿Toma como modelo a personas reales para crear los personajes de sus novelas?». Mi respuesta es casi siempre no, pero en algunas ocasiones es afirmativa. He escrito muchas novelas hasta hoy, pero solo en dos o tres ocasiones tenía una persona real en mente como modelo para un personaje. Lo hice siempre otorgándoles papeles secundarios, preocupado y temeroso de que la persona en cuestión o cualquier otra pudiera darse cuenta de la realidad oculta tras el personaje. Por fortuna, nunca se ha dado el caso. La gente más cercana a mí nunca ha llegado a darse cuenta, porque los personajes estaban construidos con sumo cuidado hasta transformarlos casi por completo con respecto al original, de tal manera que al final resultaba casi imposible reconocerlos.

Lo que ocurre más bien es que la gente saca a menudo sus propias conclusiones y atribuye determinada identidad real a ciertos personajes que, normalmente, me he inventado sin pensar en nadie en concreto. Se han dado incluso algunos casos de personas que afirman ser los modelos de los que me he servido para crear determinados personajes. Somerset Maugham se confesó perplejo cuando alguien a quien no conocía en absoluto, del que ni siquiera sabía su nombre, le puso un pleito por usarle sin su permiso como modelo para determinado personaje en una de sus obras. En sus novelas, Maugham describe a sus personajes con suma precisión, realismo y a menudo con una considerable malicia (o dicho en sentido positivo, en tono de sátira), por lo que entiendo que se produjeran ese tipo de reacciones. Al enfrentarse al torrente de su ingenio volcado en sus personajes, es posible que determinadas personas se sintieran ofendidas, convertidas en objeto de burla.

Generalmente, los personajes que pueblan mis novelas se forman de una manera natural en el transcurso de la historia. Casi nunca decido de antemano servirme de tal o cual personaje real, salvo en esos pocos casos a los que me he referido. Mientras escribo, aparece primero el contexto en el que se moverán y después los detalles empiezan a cobrar vida propia. Es como un imán que atrae hacia sí trozos metálicos dispersos. Así es como cobran vida y realidad poco a poco los personajes. Una vez que termino de escribir, a veces caigo en la cuenta de que, en determinado detalle concreto, quizás un personaje sí se asemeja a tal o cual persona real. No obstante, nunca tengo en mente desde el principio la idea de usar determinada característica de alguien. El grueso del proceso tiene lugar de una manera automática. Para crear los personajes extraigo de manera inconsciente fragmentos de información archivada en distintos compartimentos de mi cerebro y después los combino.

A esas acciones automáticas le he dado un nombre: *otoma-kobito,* es decir, algo así como «enanitos automáticos». Siempre he conducido coches con caja de cambios manual y la primera vez que conduje uno automático, como la mayoría de los coches japoneses, me convencí de que dentro de la caja de cambios vivían una serie de enanitos que se repartían el trabajo de cambiar las marchas. Temí, incluso, que pudieran declararse en huelga por exceso de trabajo y el coche se detuviera en mitad de una autopista.

Cuando cuento estas cosas, la gente se ríe, pero en lo que se refiere al trabajo específico de creación de personajes, es cierto. Existen una serie de enanitos automáticos que habitan en mi conciencia y se ponen a trabajar sin descanso para mí a pesar de que se quejan mucho. Yo solo me dedico a transcribir su trabajo y a darle forma mediante frases. El resultado de ese proceso no termina incorporado tal cual a la novela. Días más tarde reescribo varias veces hasta darle una nueva forma y en ese proceso de reescritura entra en juego una vertiente más lógica y consciente. Sin embargo, en lo que se refiere a construir arquetipos, el procedimiento es muy inconsciente e intuitivo. No creo que pueda ser de otra manera, pues en ese caso terminaría por crear personajes sin vida, artificiales. Por eso dejo el proceso inicial en manos de mis enanitos automáticos.

Para escribir una novela, sea cual sea, hay que leer muchos libros. De igual manera, se puede afirmar que para crear un personaje es imprescindible conocer a muchas personas. Digo conocer, pero no me parece imprescindible llegar a conocerlas a fondo. Basta con tener en cuenta su apariencia, su forma de expresarse, de actuar, es decir, las características fundamentales que la definen como persona. Es importantísimo observar sin dejarnos arrastrar por los prejuicios, por mucho que la persona en concreto nos guste o no. Si uno solo crea personajes que le interesan personalmente, que le gustan y con los que tiene empatía, a su novela le faltará dimensión, es decir, recorrido. Si por el contrario hay muchos personajes distintos que se contraponen, que chocan entre ellos, la escena se mueve y permite a la historia avanzar hacia delante. Como escritores, aunque alguien no nos guste a primera vista, es mejor no apartar la mirada, es mejor tratar de discernir con claridad qué cosas nos gustan, cuáles no y por qué.

Hace mucho tiempo (estaría en mitad de la treintena, más o menos), una persona me dijo: «En sus novelas no aparecen personajes malos». (Más tarde me enteré de que el padre de Kurt Vonnegut le había dicho lo mismo a su hijo.) Nada más escuchar el comentario pensé que esa persona tenía razón, y a partir de ese momento me preocupé por crear e incorporar a mis novelas personajes con una carga más negativa. Sin embargo, no me resultó tan fácil como esperaba. En aquel momento de mi vida estaba empeñado en crear un mundo propio, en armonía. No tanto en colocar mis historias en grandes coordenadas. Desde mi punto de vista, lo primero que debía hacer era establecer un mundo propio, afirmarlo, convertirlo en un refugio que me sirviera para oponerlo a la realidad circundante, a un mundo violento. Pero con los años (dicho con otras palabras, al madurar como persona y como escritor), poco a poco me sentí capaz de dar vida a personajes negativos o, al menos, con tendencias o comportamientos no armónicos. ¿Por qué? Porque ese mundo propio de mis novelas ya estaba construido y funcionaba más o menos. En segundo lugar, la tarea esencial era profundizar y dinamizar aún más ese mundo. Para ello tenía que crear personajes más variados y ampliar el rango de sus actitudes. También porque sentía la necesidad de hacerlo. Había pasado por todo tipo de experiencias en mi vida. No me había quedado más remedio que hacerlo. Me convertí en escritor a los treinta años, y al ganar con ello una dimensión pública, me gustase o no continué escribiendo bajo una fuerte presión, con el viento de cara, por así decirlo. Debido a mi carácter no me gusta verme en la situación de tener que enfrentarme al público, pero llegó el momento en que no me quedó más remedio que hacerlo por mucho que me resistiera. De vez en cuando tenía que hacer muy a disgusto ese tipo de cosas y me frustraba mucho si sentía que alguien cercano me traicionaba. Algunos me dedicaban falsas alabanzas con el único fin de sacar provecho. Otros se dedicaban a injuriarme sin sentido (no tengo motivos para pensar lo contrario), algunos mezclaban cosas que eran verdad con mentiras y también me topé de frente con cosas muy extrañas que uno es incapaz de imaginar en condiciones normales.

Ante esas situaciones desagradables me esforzaba por observar con cuidado los detalles, los actos, las palabras y el comportamiento de quienes me rodeaban. Ya que tenía problemas y no había forma de remediarlo, al menos quería sacar algún provecho de ello, es decir, amortizar esas situaciones. Muchas veces me hirieron, llegué a hundirme, pero con el tiempo he terminado por reconocer que, como escritor, todas esas experiencias resultaron muy fructíferas. También me ocurrieron cosas maravillosas y divertidas, pero por alguna razón desconocida recuerdo más las experiencias negativas. A menudo me acuerdo de cosas que preferiría olvidar en lugar de olvidar otras que preferiría recordar. Puede que tuviera mucho que aprender de esas experiencias negativas.

Lo pienso detenidamente y me doy cuenta de que en la mayoría de las novelas que más me han gustado aparecen muchos personajes secundarios interesantes. La primera que se me viene a la cabeza es *Los demonios,* de Dostoievski. Quienes la hayan leído lo entenderán. La habitan numerosos personajes secundarios de lo más extraño. Es una novela larga, pero no se hace aburrida en absoluto. Se suceden personajes de toda especie y condición, hasta el extremo de que terminamos por preguntarnos a qué se debe ese desfile. Imagino que Dostoievski tenía una taquilla gigantesca con cosas archivadas en su cerebro. En cuanto a la novela japonesa diría que los personajes de Natsume Sōseki representan también una gran variedad de tipos y resultan muy atractivos. Aunque se trate de personajes ocasionales, su existencia, su encaje en la obra están justificados, resultan peculiares y le dan viveza. Curiosamente, sus palabras, gestos y acciones dejan impresa una profunda huella en el corazón del lector. Lo que más admiro de las novelas de Sōseki es que casi nunca aparecen personajes transitorios, circunstanciales: «Me hace falta este personaje aquí y por eso lo pongo». Es como si nunca se hubiera hecho ese planteamiento. Sus novelas no parecen responder a un esquema o a un planteamiento puramente mental, sino atender a un sentido real del cuerpo. Digamos que es como si pagara cada frase de su bolsillo. Uno lee sus novelas y se lo cree todo. Se puede confiar en él.

En mi caso, una de las cosas que más me divierten de escribir es convertirme en quien quiera a voluntad. Empecé escribiendo en primera persona del singular masculino y así continué durante veinte años. En los relatos a veces me servía de la tercera persona, pero cuando regresaba a las novelas insistía en la primera persona. Ese yo masculino no equivalía a Haruki Murakami, obviamente, como Philip Marlowe no equivale a Raymond Chandler. En cada una de mis novelas, el personaje detrás de ese «yo» era distinto, pero el hecho de insistir en ese esquema terminó por hacer irremediable que la frontera entre el «yo» real y el «yo» de la novela se desdibujara, tanto para mí como escritor como para los lectores.

Al principio eso no me planteó ningún problema, más bien satisfacía uno de mis objetivos fundamentales, el de crear un mundo propio, para lo cual me servía de ese «yo» imaginario a modo de palanca y a partir de él iba extendiéndolo. Sin embargo, en un determinado momento me di cuenta de que ese recurso ya no bastaba. Cuanto más extensas y complejas se hacían mis novelas, el sofoco y la estrechez provocados por el uso de esa primera persona empezaron a agobiarme. En *El fin del mundo y un despiadado país de las maravillas,* recurrí a dos primeras personas distintas en capítulos alternos y ese fue uno de mis primeros intentos de superar los límites de la primera persona del singular.

La última novela que escribí sirviéndome de ese «yo» narrador fue *Crónica del pájaro que da cuerda al mundo* (1994-1995), pero para desarrollar la trama no me bastó con eso y tuve que echar mano de otros recursos. Por ejemplo, introducir la narración de otra persona o servirme del estilo epistolar... Me serví de esas técnicas narrativas para superar los límites que me imponía la primera persona del singular. Me sentía atrapado, por lo que en mi siguiente novela, *Kafka en la orilla* (2002), introduje la tercera persona por primera vez. Cuando el protagonista, Kafka, es todavía un chico, la voz es la de un narrador masculino en primera persona, pero al mismo tiempo hay otros capítulos en los que el narrador es una tercera persona. Alguien podría decir que es un estilo ecléctico y tendría razón, pero lo importante es que me permitió ampliar los límites del mundo de mis novelas, aunque en el caso concreto de esa solo esté presente en la mitad del libro. Recuerdo que al escribirla me sentía mucho más libre en el plano técnico que cuando escribía *Crónica del pájaro que da cuerda al mundo.*

La recopilación de cuentos publicada en Japón bajo el título *Tokyo Kytanshu* [Historias extrañas de Tokio]* y la novela de extensión media *After Dark,* que escribí justo después, son de principio a fin narraciones en tercera persona. Visto desde la distancia, tengo la impresión de que ensayaba para comprobar si podía recurrir a la tercera persona para los relatos y las novelas de extensión media, como si probara un deportivo recién estrenado en una carretera de montaña para poder experimentar mejor las sensaciones. Evolucionar con cierto orden hasta sentirme capaz de abandonar el uso de la primera persona me llevó veinte años. Ciertamente un tiempo más que considerable. ¿Por qué? Yo mismo no llego a entenderlo del todo.

---

* Publicados en España junto a otros relatos en el volumen *Sauce ciego, mujer dormida,* Tusquets Editores, Barcelona, 2008. *(N. de los T.)*

Sea cual sea la razón, lo cierto es que me había acostumbrado tanto física como psíquicamente a la primera persona del singular masculino. Quizá por eso tardé tanto en cambiar. Quizá no se trataba solo de un cambio de narrador, sino más bien, en un sentido más amplio, de un cambio general de punto de vista.

Necesito mucho tiempo para cambiar el método que tengo de hacer las cosas, lo que sea. Es mi carácter. Pondré un ejemplo. Durante mucho tiempo fui incapaz de poner nombre a mis personajes. Podía inventarme apodos como «Rata» o «Jay», pero no usar nombres corrientes. ¿Por qué? No lo sé. Aún hoy sigo sin entenderlo del todo. Solo puedo decir que me daba vergüenza poner nombres a mis personajes. No sé cómo explicarlo mejor, pero al hacerlo tenía la impresión de que era una farsa, de estar mintiendo, por mucho que fueran nombres imaginarios. Es posible que al principio el hecho de escribir novelas me diera un poco de vergüenza, que me produjera rubor, como si expusiera a plena luz del día mi corazón desnudo.

Me sentí capaz de poner nombre a mis personajes a partir de *Tokio blues* (1987). Es decir, hasta entonces, durante los primeros ocho años de mi carrera como escritor, escribí en primera persona sobre personajes sin nombre. Con el tiempo he llegado a darme cuenta de que escribía aquejado de una considerable incomodidad. Me presionaba y me imponía ese régimen de vía indirecta, pero en aquel momento nada de eso me preocupaba especialmente. Asumía que las cosas debían ser así.

Cuanto más largas y complejas se hacían las novelas, empecé a sentir una creciente incomodidad por mis personajes sin nombre. Si cada vez eran más y encima nadie sabía cómo se llamaban, por pura lógica la confusión iba a ser considerable. Cuando empecé *Tokio blues* me resigné y me decidí a poner nombres. No fue una tarea sencilla, pero cerré los ojos y dejé de poner pegas. Ahora, al cabo del tiempo, ya no me causa tantos problemas. Incluso he terminado por usar el nombre propio del personaje principal de una novela en el título, como es el caso de Tasaki Tsukuru en *Sikisai o motanai Tazaki Tsukuru to kare no junrei no toshi (Los años de peregrinación del chico sin color)*. Cuando escribía *1Q84*, en cuanto bauticé a la protagonista, Aomame, la historia cobró impulso y empezó a avanzar. En ese sentido, los nombres son elementos muy importantes en las novelas.

Llegado a este punto, cada vez que empiezo una nueva novela me planteo uno o dos objetivos concretos (en general de tipo técnico) que suponen un desafío en determinados aspectos. Es mi forma de escribir y me gusta hacerlo así. Superar desafíos y hacer cosas de las que antes era incapaz me produce la sensación real y concreta de que crezco como escritor. Una de las mejores cosas de esta profesión es que le permite a uno ese desarrollo y renovación constante tenga la edad que tenga. Es como si subiera uno a uno los peldaños de una escalera. La edad no es una limitación, al contrario de lo que les sucede a los deportistas profesionales.

Escribir novelas en tercera persona, con un número de personajes creciente y con la capacidad de nombrar a cada uno de ellos supone un aumento exponencial de las posibilidades narrativas. Permite crear personajes muy diversos con puntos de vista y opiniones de todos los colores. Eso me abre la puerta a describir relaciones complejas entre las personas, y lo mejor de todo es sentir de nuevo que yo mismo me puedo transformar en quien quiera. Cuando escribía en primera persona me ocurría lo mismo, pero con muchas más limitaciones.

En general, la primera persona lleva a considerar al protagonista, ese «yo» masculino en mi caso, como una especie de álter ego. No soy yo en realidad, sino una representación de mí mismo en un lugar y en un tiempo distintos. En cierto sentido es como si me ramificara, como si me dividiera. Dividirse y entrar dentro de la historia sirve, de algún modo, para comprobar cómo soy, para explorar las relaciones con otras personas o con el mundo. Escribir así me resultaba conveniente y apropiado al principio. De hecho, la mayor parte de las novelas que me gustaban estaban escritas también en primera persona.

El gran Gatsby de Scott Fitzgerald, por ejemplo, está

escrita en primera persona del singular. Jay Gatsby es el protagonista, pero el narrador es un joven llamado Nick Carraway. Mediante un dramático y sutil juego de intercambios entre el «yo» narrador y el protagonista, Fitzgerald habla de sí mismo y hacerlo de ese modo le da a la historia una considerable profundidad. No obstante, el hecho de que la historia se narre desde el punto de vista de Nick, en primera persona, implica una considerable limitación. Si ocurre algo que Nick no alcanza a ver, es casi imposible reflejarlo en la historia. Fitzgerald se sirve de numerosas artimañas y técnicas novelísticas para superar esas limitaciones y en ese sentido resulta muy interesante, pero no por ello desaparecen. De hecho, nunca volvió a escribir una novela larga que guardara semejanzas con *El gran Gatsby*.

El guardián entre el centeno, de Salinger, es también una novela extraordinaria escrita en primera persona. Como le sucedió a Fitzgerald, su autor tampoco publicó nada más con el mismo planteamiento. Supongo que tanto uno como otro temían escribir de nuevo algo parecido al estar limitados por la primera persona, y en mi opinión estaban en lo cierto.

Si se tratase de una serie como la protagonizada por el detective Philip Marlowe, de Raymond Chandler, las limitaciones propias de la primera persona terminarían por demostrar su eficacia al transformarse en una especie de rutina eficaz y hasta cierto punto íntima. Quizás en mi caso las novelas en las que aparece el personaje de «el Rata» tengan características similares.* Sin embargo, si son novelas independientes que no forman parte de ninguna serie, las paredes que levantan las limitaciones implícitas de la primera persona terminan por asfixiar al autor. Por eso traté de abrirme nuevos caminos y derribar de una vez todos los muros a mi alrededor. *Crónica del pájaro que da cuerda al mundo* me hizo sentir con toda claridad que había llegado al límite.

Mi mayor alivio al introducir la tercera persona a mitad de *Kafka en la orilla* fue lograr historias paralelas a la del protagonista, como la del señor Nakata, ese anciano enigmático, y la del señor Hoshino, un camionero un tanto rudo. Eso me permitió reflejarme en otros personajes, dividirme. Dicho de otro modo, era como confiar a otra persona mi yo dividido. A partir de ahí, las posibilidades narrativas se ampliaron notablemente. La historia se dividió en numerosas ramificaciones y ganó en complejidad.

Por qué no lo hice antes, podrían preguntarme entonces. En realidad no es algo tan sencillo como pueda parecer a simple vista. Una de las razones es que no tengo un carácter demasiado flexible y para cambiar el punto de vista de una novela, es decir, el narrador, resulta imprescindible meter mano a fondo en su composición, operar un gran cambio que exige una base y una técnica lo suficientemente sólidas. De ahí que solo pudiera hacerlo por fases, después de un

---

* Se refiere a *Escucha la canción del viento* y *Pinball 1973*, y *La caza del carnero salvaje*, Tusquets Editores, Barcelona, 2015 y 2016. *(N. de los T.)*

proceso lento y metódico de observación. Si se tratase de mi cuerpo, diría que me vi obligado a cambiar lentamente de metabolismo e incluso de musculatura para cumplir con las exigencias de determinado deporte, y un cuerpo nuevo requiere tiempo y trabajo.

A partir del año 2000, después de adquirir ese nuevo vehículo que era la tercera persona, comprendí que al fin podía adentrarme en nuevos territorios de la novela. Eso me producía una sensación de libertad, de horizonte, como si al mirar a mi alrededor las paredes que me cercaban hasta entonces se hubieran derrumbado de repente.

Los personajes son elementos esenciales para la novela. No hace falta insistir en ello. Un escritor debe crear personajes que parezcan reales y, además, deben resultar interesantes, atractivos, autónomos. Hay que dejarles actuar por cuenta propia hasta cierto punto. Después hay que colocarlos en el centro de la narración o al menos cerca de ahí.

No creo que las novelas con personajes planos, con un discurso sencillo y que hacen cosas previsibles despierten demasiado interés en los lectores. Para algunos las novelas lógicas con planteamientos lógicos quizá sean las mejores, pero a mí, personalmente, no me interesan nada.

Más bien al contrario. Me parece fundamental que un personaje tenga la capacidad de hacer avanzar la historia, mucho más, sin duda, que el hecho de que resulte creíble o interesante. El escritor da vida a sus personajes, pero si de verdad están vivos, a partir de cierto momento se alejan de él para actuar por su cuenta. Es un hecho admitido por la mayor parte de los novelistas. No soy el único en pensar así. De no ocurrir eso, escribir novelas se convertiría en un trabajo duro, penoso e incluso desagradable. Cuando una novela se encarrila bien, los personajes terminan por moverse solos y la historia avanza por sí misma. Es una situación afortunada en la que al escritor le basta con traducir en palabras lo que sucede delante de sus ojos. En algunas ocasiones, se llega a dar el caso de que los personajes acaban por tomar de la mano a los autores para llevarlos a lugares insospechados. Voy a dar un ejemplo concreto y me serviré de una de mis últimas novelas. En *Los años de peregrinación del chico sin color* aparece una atractiva mujer llamada Sara Kimoto. Desde el principio pensé que iba a ser una novela corta, de no más de sesenta páginas manuscritas.

En síntesis, la historia trata de Tsukuru Tazaki, el protagonista, un chico de la ciudad de Nagoya al que un buen día rechazan sus cuatro mejores amigos del instituto, le dicen que no quieren verle más y a partir de ese momento ni siquiera se molestan en hablar con él. No explican sus motivos, ni tampoco él los pregunta. La novela empieza y le conocemos cuando tiene treinta y seis años y está empleado en una empresa de ferrocarriles de Tokio, donde trabaja desde que se graduó en la universidad. La herida que le produjo la ruptura con aquellas amistades sigue abierta en su corazón, pero la esconde en un lugar muy profundo y las apariencias solo nos hablan de una vida apacible.

El trabajo va bien, su círculo de amistades le profesa una sincera simpatía e incluso ha tenido varias novias. A pesar de todo, es incapaz de establecer una relación espiritual y psicológicamente profunda. Un buen día conoce a Sara Kimoto, dos años mayor que él, y empiezan a salir. En determinado momento, él le cuenta su experiencia del instituto y ella, después de reflexionar unos instantes, le dice que debe volver enseguida a su ciudad natal, a Nagoya, para indagar y descubrir qué ocurrió dieciocho años antes. Sara insiste en que tiene que haber una verdad que él no quiere ver, y a Tsukuru Tazaki no le queda más remedio que hacerlo.

Sinceramente, jamás imaginé que Tsukuru Tazaki fuera a regresar al encuentro de sus examigos hasta que Sara se lo dice. De haber sido yo solo el que dictaba los acontecimientos, la historia de Tsukuru Tazaki se hubiera limitado al relato más o menos de un hombre joven de vida tranquila y misteriosa del que nunca llegamos a saber por qué sufrió aquel rechazo en su juventud. Cuando Sara le dijo eso (yo me limité a transcribir sus palabras), no me quedó más remedio que enviarle a Nagoya primero y a Finlandia después. No solo eso. Me vi obligado a dar vida a cada uno de sus cuatro antiguos amigos. Tuve que contar hechos y datos concretos sobre sus vidas. El resultado lógico de todo ese proceso es que la que iba a ser una novela corta terminó siendo larga.

Es decir, fue Sara quien modificó por completo el carácter, la escala, la orientación y la estructura de la novela y lo hizo en un segundo. El primer sorprendido fui yo. Lo he meditado bien y he terminado por comprender que ella no se lo decía a Tsukuru Tazaki, sino a mí: «Debes escribir lo que sigue a partir de aquí. Te has metido en este territorio desconocido y tienes energía suficiente para hacerlo». Quizá se pueda decir que Sara es el reflejo de otro «yo». Ella, como una parte de mi conciencia, me mostraba que no debía quedarme donde estaba, que debía ahondar, ir más allá en la historia. En ese sentido, la novela terminó por convertirse en una obra trascendental para mí. Formalmente se puede clasificar como una novela realista, pero considero que bajo la superficie hay muchas cuestiones complejas que se abordan de forma metafórica.

Más que mi conciencia, es muy posible que sean los personajes de mis novelas quienes me apremian, me animan y me empujan hacia delante. Me sucedió lo mismo con Aomame en *1Q84*. Ella forzaba algo en mí para que se abriera, y visto en perspectiva, me doy cuenta de que los personajes femeninos me empujan mucho más que los masculinos, aunque no puedo dar una razón concreta del porqué.

En cierto sentido el escritor, al tiempo que crea una novela, crea también algo en sí mismo gracias a ella.

A veces me preguntan: «¿Por qué sus protagonistas no tienen su misma edad?». Estoy en la mitad de la sesentena y en realidad quieren saber por qué no escribo una historia relacionada con personas de mi generación, por qué no hablo de sus vidas. Implícitamente, quieren decir que entienden que ese es el trabajo normal de un escritor, pero yo no entiendo por qué debo limitarme a escribir sobre gente de mi edad. ¿Es de verdad algo natural, es la única perspectiva posible de mi trabajo como escritor?

Como ya he dicho anteriormente, para mí una de las cosas más divertidas de escribir novelas es la posibilidad de convertirme en cualquier otra persona. ¿Por qué voy a abandonar entonces ese derecho que me corresponde como autor y que es algo maravilloso?

Cuando publiqué *Kafka en la orilla,* ya había rebasado los cincuenta, pero mi protagonista era un chico de quince y mientras escribía me sentía realmente así. Obviamente, no creo que las sensaciones que yo experimentaba sean iguales a las de un chico de esa edad. Fue más bien como trasladar mis sensaciones de cuando tenía quince años al momento actual mediante un ejercicio de imaginación. Escribía y me sentía capaz de reproducir tal cual la atmósfera que respiraba con quince años, la luz que contemplaba. Reproducía los detalles gracias al poder de las palabras, que, además, me devolvían desde algún lugar profundo de mí interior esas sensaciones ya casi olvidadas. No sé cómo explicarlo mejor. Solo puedo decir que fue una sensación maravillosa. Quizás algo así solo podemos vivirlo los escritores.

Sin embargo, nada de eso tendría sentido en una novela si yo fuera el único que disfruta de esa maravilla. Hay que relativizar. Es decir, hay que organizar las cosas de algún modo para compartir esa alegría con los lectores. Por eso apareció un hombre de sesenta y tantos años llamado Nakata. En cierto sentido, era otro yo, otro reflejo de mí mismo. Al juntarse Kafka y el señor Nakata, al interactuar y responderse mutuamente, la novela ganó un equilibrio de lo más saludable. Eso me pareció a mí al menos y aún hoy lo creo.

Quizás escriba en algún momento una novela en la que aparezca un protagonista de mi edad, de mi generación, pero de momento no siento la necesidad. En mi caso, primero aparece la idea general de una novela y a partir de ahí la historia se extiende y ramifica de una forma tan natural como espontánea. Qué personajes aparecerán, insisto de nuevo, es algo que decide la historia por sí misma. No lo hago yo después de un proceso de reflexión. Yo me limito a seguir las indicaciones.

En otra ocasión me convertí en una joven de veinte años con inclinaciones lésbicas. Después, en un hombre de treinta años en paro dedicado a cuidar de su casa. Cojo los zapatos que tengo a mi alcance y adapto mis pies a ellos para empezar a caminar. Nada más que eso. No se trata de agrandar o empequeñecer los zapatos hasta adaptarlos a mi talla, sino al revés, acomodar los pies al tamaño del zapato. En la realidad hacer semejante cosa sería imposible, pero los materiales de la ficción y la práctica que da el tiempo permiten llegar a hacerlo con naturalidad. Al fin y al cabo es pura imaginación, algo que pertenece al territorio de los sueños y los sueños (ya esté uno despierto o dormido) normalmente no se eligen. No queda más remedio que dejarse llevar por la corriente, moverse libremente en una situación muy alejada de la normalidad. Ahí reside exactamente la inmensa alegría que proporciona escribir una novela.

Me preguntan por qué no pongo a un protagonista de mi edad en mis novelas y me gustaría explicar todo esto, pero resulta demasiado largo y no creo que llegue a entenderse así como así sin un contexto. Al final siempre recurro a subterfugios. Sonrío, por ejemplo, y digo: «Sí, sí. Lo haré en algún momento».

En un sentido amplio, da igual si acaba plasmado en una novela o no, observar con minuciosidad y objetividad a ese «yo» actual es un trabajo arduo. No resulta fácil captarlo en activo. Quizá por eso me calzo unos zapatos que no son de mi número y me echo a andar con ellos a ver si entiendo a ese «yo» de ahora. En cierto sentido, es como si calculase dónde está sirviéndome de triangulaciones para determinar mi posición. De todos modos, aún me quedan muchas cosas por aprender respecto a los personajes de las novelas en general y mucho que aprender de los protagonistas de mis novelas en particular. Me gustaría tener la capacidad de dar vida a seres extraños, enigmáticos, de todos los colores. Cuando empiezo una nueva novela, mi corazón palpita con fuerza cada vez que me pregunto a quién voy a conocer en esta ocasión.

10

¿Para quién escribo?

En las entrevistas suelen preguntarme qué tipo de lectores imagino cuando escribo. Siempre que me plantean esta cuestión dudo qué responder, pues nunca he tenido especial conciencia de escribir para alguien y, de hecho, sigo sin tenerla.

En cierto sentido, es verdad que escribo para mí mismo. Cuando empecé mi primera novela, *Escucha la canción del viento,* sentado a medianoche a la mesa de la cocina, nunca se me ocurrió pensar que iba a terminar expuesta a los ojos de los lectores. Esa es la realidad. De ahí que mi único pensamiento claro respecto al acto de escribir fuera el de hacerlo para sentirme bien. Traducir en frases algunas imágenes que había dentro de mí, encontrar las palabras que se ajustaban a mi forma de ser y que a la vez me satisfacían era lo único que había en mi cabeza. Al margen de aquella primera experiencia con la escritura, nunca he sentido la necesidad ni me he planteado cuestiones peliagudas como quiénes leen mis novelas, si les gustará lo que escribo o si entenderán lo que pretendo decir en determinada obra. Es así de simple.

Creo, por otra parte, que en el hecho de escribir se oculta una intención de curación de mí mismo. Cualquier acto de creación tiene, en mayor o menor medida, esa intención de añadir algo personal, de corregirse a uno mismo. Uno se relativiza, es decir, manifiesta una vertiente espiritual de sí mismo de forma distinta a la que existe en realidad y de esa manera se pueden diluir (o sublimar) los desacuerdos, las discrepancias o las contradicciones que se producen, inevitablemente, en el transcurso de la vida. Si ese proceso lleva a un buen resultado, se puede compartir con los lectores. Al escribir mi primera novela no pensaba en nada de todo esto, pero sí buscaba instintivamente cierta forma de purificarme y ese deseo despertó en mí con naturalidad el impulso por escribir.

Aquella primera novela ganó por sorpresa el premio al mejor escritor novel de una revista literaria, se publicó en forma de libro, se vendió más o menos bien y consiguió cierta reputación. A partir del momento en que me creé cierto nombre como escritor, la pura inercia no me permitió otra cosa que adquirir conciencia de la existencia de lectores. No puedo evitar cierta tensión al escribir. Al fin y al cabo, mis libros terminarán colocados en las estanterías de las librerías, llevarán mi nombre impreso en la cubierta y mucha gente se interesará por ellos. En cualquier caso, mi premisa fundamental a la hora de escribir, a saber, que me resulte divertido, no ha variado sustancialmente. Si disfruto al hacerlo, estoy seguro de que habrá lectores en alguna parte que disfrutarán conmigo. Puede que no sean muchos, pero está bien así. Si todas esas personas llegan a entenderme, me parecerá más que suficiente.

Todo lo que escribí a partir de *Escucha la canción del viento,* por ejemplo, *Pinball 1973,* dos recopilaciones de relatos editadas en Japón bajo el título de *Un barco lento hacia China* y *Un día perfecto para los canguros,* lo hice con una actitud despreocupada, optimista, natural. Por aquel entonces mantenía mi otro trabajo (un trabajo de verdad) y con lo que ganaba vivía sin demasiadas estrecheces. Digamos que escribía cuando encontraba algo de tiempo libre, como si solo se tratase de una afición.

Un famoso crítico literario, ya fallecido, publicó una dura crítica de mi primera novela. En ella decía que esperaba que nadie se tomara aquello como literatura o algo parecido. Al enfrentarme a semejante opinión me limité a aceptarla dócilmente. No me sentí atacado u ofendido por su evidente crudeza. Ya desde la base misma, el concepto de literatura de aquel crítico y el mío eran completamente divergentes. Yo no me había planteado en absoluto cuestiones como el papel social de la novela, lo que es vanguardia o deja de serlo, si algo se puede juzgar literatura pura o no. Mi actitud desde el principio fue mucho más simple que todo eso: escribir está bien si resulta divertido. De ahí nacía la imposibilidad absoluta de entendernos, de que nuestras opiniones se aproximaran. En esa primera novela aparece un escritor imaginario llamado Derek Heartfield, con un libro publicado titulado

What's Wrong About Feeling Good (Qué hay de malo en sentirse bien), que sintetizaba a la perfección lo que ocupaba mis pensamientos entonces. ¿Qué había de malo en sentirme bien?

Lo pienso ahora y me doy cuenta de que es una forma de plantear las cosas un tanto simplista, no exenta de cierta agresividad, pero entonces, lo reconozco, mantenía una actitud de confrontación con la autoridad, con el *establishment*. Era joven (acababa de cumplir los treinta) y el mar de fondo de la época aún recordaba la convulsión de los movimientos estudiantiles. El espíritu rebelde de oponerse a todo flotaba en el ambiente. En mi caso, creo que el resultado fue positivo, aunque admito una parte impertinente e infantil. Tanto mi postura como mi actitud empezaron a cambiar nada más comenzar a escribir *La caza del carnero salvaje* (1982). Sabía que de continuar guiado únicamente por el *leitmotiv* de «qué hay de malo en sentirme bien» iba a terminar por encontrarme en un callejón sin salida como escritor. Los lectores, que en un principio apreciaban mi estilo por su frescura y novedad, terminarían por aburrirse de leer siempre lo mismo. Y con razón. Yo mismo habría terminado por aburrirme de escribir. Además, si había optado por ese estilo no era porque sí. Carecía de la técnica necesaria para abordar la composición de novelas largas, por lo que estaba limitado a esa forma un tanto afectada. La afectación resultó ser, por pura casualidad, algo nuevo y fresco, pero después de sentir que me había convertido en escritor, quería abordar algo más grande y profundo. Esos dos conceptos, grande y profundo, no implicaban para mí sumarme a la corriente literaria del *mainstream,* crear una novela digna de ello. Yo quería escribir algo que me hiciera sentirme bien y que al mismo tiempo desprendiese la energía suficiente para abrirse paso al frente. Empecé a plantearme usar frases más largas, cargadas de matices y distintas capas donde podría colocar tanto mis ideas como mi propia conciencia. No quería seguir limitándome a plasmar imágenes fragmentadas que pululaban en mi interior.

Por aquella época había leído una novela larga de Ryu Murakami titulada *Coin Locker Babies,* que me fascinó y me produjo una inmensa admiración. Pero eso era algo que solo podía escribir él. Leí con la misma fascinación unas cuantas novelas de Kenji Nakagami que, de igual modo, solo podía escribir él. Cada uno con su estilo, los dos hacían algo distinto de lo que yo quería escribir. Lógicamente, debía abrirme paso, encontrar un camino propio. Tenía muy presentes sus obras, la energía que transmitían y su valor como ejemplos concretos de aquello a lo que aspiraba. No me quedaba más remedio que escribir algo que solo pudiera hacer yo.

Para encontrar una respuesta a esa voluntad me puse a escribir *La caza del carnero salvaje.* Mi objetivo primordial era no perder mi estilo ni transformarlo en algo pesado, no dejar de disfrutar (en otras palabras, que no me metiesen en la mecánica de la llamada literatura pura), pero sí darle a la novela una mayor profundidad. Para lograrlo debía darle dinamismo a la estructura misma de la historia. Lo tenía claro. Debía colocar la historia en el centro de todo y para ello no me quedaba más remedio que afrontar un trabajo a largo plazo. Ya no me podía plantear hacerlo a ratos perdidos como había hecho hasta entonces. Por eso, antes de empezar con *La caza del carnero salvaje* vendí mi negocio con la idea en mente de convertirme en escritor a tiempo completo. En aquel momento, aún ingresaba más por el negocio que por los derechos de autor, pero, a pesar de todo, no dudé al tomar la decisión. Quería centrar mi vida en la escritura. Quería dedicar todo el tiempo del que pudiera disponer a escribir. Digamos, aunque sea exagerado, que quemé todos los puentes para no tener la opción de volver atrás.

La gente más próxima a mí intentó disuadirme con el argumento de que era mejor no tener prisa. A todos les parecía una lástima deshacerse de un negocio próspero y estable. Hubo incluso quien me propuso dejarlo en manos de otra persona y supervisarlo mientras me dedicaba a escribir. Supongo que nadie pensaba que podía ganarme la vida con la escritura, pero no vacilé. Siempre me ha gustado hacerme cargo de todo personalmente cuando emprendo algo. Me hubiera resultado imposible dejar mi negocio en manos de otra persona. Es mi carácter. Aquel era un momento crucial en mi vida. Tenía que decidirme sin dudarlo, aunque fuera solo por una vez. Tenía que escribir una novela y para hacerlo debía reunir todas mis fuerzas. Si no funcionaba, me daba igual. Volvería a empezar desde el principio. Ese fue mi pensamiento. Vendí mi negocio, dejé mi casa y me marché de Tokio para poder concentrarme en la escritura. Me alejé de la ciudad. Me impuse la disciplina de acostarme temprano, de despertarme pronto y empecé a correr todos los días para mantenerme en forma. Cambié mi vida por completo sin dudarlo.

Quizá fue a partir de ese momento cuando no tuve más remedio que mentalizarme de la existencia de los lectores, pero no lo hice con una idea definida de cómo o quiénes podían ser. En realidad no tenía necesidad de hacerlo. A los treinta y tantos años, mis lectores solo podían ser gente de mi generación o, como mucho, de una generación más joven. Es decir, jóvenes. Yo era un escritor joven con una carrera por delante (por muchos reparos que me dé decirlo) y quienes me seguían eran jóvenes como yo. No me hacía falta pensar en ellos, en cómo serían o cuáles serían sus preocupaciones y pensamientos. Ellos y yo estábamos unidos, en sintonía. Quizás esa época fue la de mi luna de miel con los lectores.

Por circunstancias diversas, *La caza del carnero salvaje* tuvo una fría acogida entre la crítica después de publicarse por primera vez en la revista *Gunzo*. Sin embargo, los lectores me apoyaron, me gané una reputación entre ellos y el libro se vendió mejor de lo que imaginaba. Es decir, mi despegue como escritor profesional a tiempo completo resultó favorable. Me di cuenta también de que la orientación que le había dado a mi manera de escribir no estaba equivocada. En ese sentido *La caza del carnero salvaje* significó un punto y aparte en mi carrera como autor de novelas largas.

Desde entonces han transcurrido muchos años y ya he alcanzado la mitad de la sesentena. Puedo decir que he llegado muy lejos respecto al punto de partida de aquel joven escritor recién estrenado. El tiempo pasa, cumplimos años irremediablemente y, de igual manera, el rango de edades de los lectores cambia y se amplía. Al menos eso me parece, aunque si me preguntasen en este momento por el perfil de mis lectores actuales, no sabría qué contestar.

Recibo muchas cartas y en algunas ocasiones tengo la oportunidad de encontrarme con algunos de ellos. Sus edades, sexo, el lugar donde viven, etcétera, difieren tanto que no puedo hacerme una idea general de a quién le interesan mis libros. Soy incapaz de suponer nada y tampoco me parece que lo tengan claro en el departamento comercial de la editorial donde publico. Al margen de que, en cuanto al sexo, la proporción entre hombres y mujeres es prácticamente la misma y de que hay muchas lectoras atractivas (no miento), no encuentro ningún otro rasgo en común. Hace tiempo vendía mucho en las grandes ciudades y no tanto en las de provincia, pero ahora tampoco eso está tan claro. Podrían decirme entonces que escribo a ciegas en cuanto a lectores se refiere. Quizá tengan razón. Aún sigo sin poder formarme una idea clara.

Que yo sepa, la mayoría de los escritores envejecen con sus lectores y por eso hay cierta concordancia entre generaciones. Es fácil de entender. Tiene lógica.

Escriben para lectores de su misma generación. En mi caso, sin embargo, no sucede exactamente eso.

Por su parte, determinados géneros tienen un público objetivo específico, gente muy concreta. Las novelas juveniles, por ejemplo. Están pensadas, escritas y dirigidas a un público objetivo de entre diez y veinte años. Luego están las novelas digamos románticas, destinadas a mujeres de entre veinte y treinta años; las históricas, para hombres de mediana edad. Es fácil de entender, pero me parece que mis novelas escapan también a esas clasificaciones. Una vez más vuelvo al punto de partida. No sé quiénes son las personas que se interesan por mis libros y, por tanto, no me queda más remedio que escribir para disfrutar con lo que hago. De algún modo es una especie de eterno retorno, un regreso a esa primera época, cuando empecé a escribir por puro placer.

La vida de escritor, publicar libros con regularidad, me ha enseñado una lección fundamental: haga uno lo que haga, siempre habrá alguien que lo criticará. Por ejemplo, si publico una novela larga, dirán: «¡Demasiado larga! Es un autor redundante. Podría decir lo mismo en la mitad de páginas». Si se trata de una novela corta: «¡Poco contenido! Es evidente que no se ha esforzado». Hay argumentos para todos los gustos: tal novela resulta monótona, repetitiva, aburrida, era mejor la anterior porque la mecánica de esta nueva no llega a funcionar bien... Lo pienso y me doy cuenta de que desde hace casi ya tres décadas decían de mí: «Murakami se ha quedado desfasado. Está acabado».

Es fácil sacar defectos (quien lo hace solo dice lo primero que le viene a la cabeza y no asume la responsabilidad de sus palabras) y quienes se convierten en el objeto de esos comentarios corren el riesgo de no sobrevivir si se lo toman en serio. Al final a uno no le queda más remedio que tomar impulso y seguir adelante: «Me da igual lo que digan por muy tremendo que resulte», sería la consigna. «Lo importante es escribir lo que yo quiera y como yo quiera.»

Hay una canción de Rick Nelson que compuso en la segunda mitad de su vida titulada *Garden Party* y en la cual dice: «Si no eres capaz de hacer disfrutar a los demás, no te queda más remedio que disfrutar tú». Entiendo muy bien a qué se refiere. Lograr que todo el mundo disfrute es imposible y el único resultado de ese empeño es el agotamiento por tanto esfuerzo en vano. Es mejor pasar a la ofensiva, es decir, hacer lo que uno quiera, como quiera, de la manera que le parezca oportuna. Aunque por ese camino no se obtenga una buena reputación o no se vendan demasiados libros, al menos uno se sentirá satisfecho con su trabajo. Me parece un argumento muy válido.

A ese respecto, Thelonious Monk dijo: «Yo solo digo que cada cual interprete como le parezca. No hace falta pensar tanto en lo que quieren los demás. Hay que tocar como uno quiera y hacerse entender, aunque para lograrlo se tarden quince o veinte años».

Con ello no quiero decir que solo por disfrutar uno mismo con lo que hace su trabajo termine por convertirse en una obra de arte notable. Ni que decir tiene que es imprescindible aplicarse un estricto relativismo. Como profesional, hay que ganarse un mínimo de apoyo, pero a partir de ahí la referencia fundamental debe ser la de disfrutar uno mismo, la de estar convencido de lo que se hace. Una vida dedicada a algo que no resulta divertido no tiene ningún atractivo. ¿Quién puede estar en desacuerdo con eso? Parece que volvemos al punto de partida: ¿qué tiene de malo sentirse bien?

Si a pesar de todo volviesen a preguntarme si escribo pensando únicamente en mí mismo, diría que por supuesto que no. Como escritor, ya lo he mencionado antes, no pierdo de vista a mis lectores. Olvidarme de su existencia (en el caso de que quisiera hacerlo) sería tan irrealizable como insano. Tener en consideración a mis lectores no quiere decir que comprenda exactamente quiénes son, cuál es mi público objetivo, ni tampoco significa que me dedique a hacer estudios de mercado ni a analizar los cambios en los hábitos de consumo como hacen las empresas cuando desarrollan nuevos artículos. En mi mente tan solo puedo prefigurar lectores imaginarios, personas sin edad definida, sin profesión ni sexo. A título individual cada cual tendrá esas y muchas otras peculiaridades, obviamente, pero para mí son atributos intercambiables, no me parecen relevantes. Lo verdaderamente importante, lo que no puede cambiar o intercambiar en modo alguno, es el hecho de que esas personas y yo estamos conectados. Desconozco hasta dónde se extiende esa conexión, pero me parece que las raíces que nos mantienen unidos se enredan y hunden en un lugar muy profundo, tan profundo y oscuro que soy incapaz de llegar hasta allí para entender cómo es. Donde yo siento con fuerza esa conexión es en las estructuras narrativas. Al crearlas, al escribir, tengo la sensación real de que los elementos nutritivos van y vienen a través de ella.

Ni los lectores ni yo podemos comprender esa dimensión por mucho que nos crucemos en un callejón, aunque nos sentemos uno al lado del otro en un tren o aunque esperemos en la misma cola del supermercado. Nos limitamos a ser unos perfectos desconocidos que no saben nada el uno del otro. Quizá nunca más volvamos a coincidir, pero seguiremos conectados bajo tierra gracias a las novelas, bajo esa dura superficie que es la vida cotidiana. Compartimos una narrativa en lo más profundo de nuestros corazones. Así son los lectores que imagino. Escribo sin dejar de pensar en ellos, en lo que me gustaría que disfrutasen al leer mis novelas, con la esperanza de que sientan algo así al hacerlo.

En comparación con esos lectores idealizados, quienes me rodean a diario me resultan muy molestos. Escribo algo y hay gente a la que le gusta y gente a la que no. Puede que no den claramente su opinión, pero la capto solo con ver sus gestos. Es lógico. Al fin y al cabo, cada cual tiene sus gustos. Como decía Rick

Nelson, no puedo lograr que todo el mundo disfrute por mucho que me esfuerce, y cuando veo esas reacciones en la gente que me rodea, me resulta muy duro como escritor. En momentos así me digo a modo de consuelo: «Sabía que la única opción era disfrutar yo mismo». Es una estrategia que he adquirido a lo largo de mi vida como escritor. Tal vez pueda considerarla una especie de sabiduría.

Una de las cosas que mayor alegría me han producido es que, al parecer, mis novelas interesan a gente de muy distintas generaciones. He recibido cartas de familias que aseguraban haber leído todos determinada novela. ¡Tres generaciones distintas! La abuela en primer lugar (quizás ella y yo seamos coetáneos y puede que ella leyera mis primeras novelas), la madre después, seguida del hijo y, en último lugar, la hermana pequeña... Por lo visto ocurre más a menudo de lo que pensaba y es algo que me alegra mucho. Si bajo el mismo techo leen el mismo libro personas tan distintas, eso significa que está vivo. Para la editorial puede ser una mala estrategia, y a buen seguro preferirían que cada cual comprase su propio ejemplar, pero a mí me alegra sincera y profundamente el hecho de interesarles a todos ellos.

Un antiguo compañero me llamó un buen día para decirme: «Mi hijo está en el instituto y se lee todos tus libros. A menudo los comentamos. No hablamos demasiado entre nosotros, pero cuando se trata de tus libros, él se explaya». Por el tono de su voz me parecía que eso le alegraba. Pensé en ese instante que quizá mis libros eran útiles. Como mínimo servía para mejorar la comunicación entre un padre y un hijo, lo cual me parece un mérito nada desdeñable. Yo no tengo hijos, pero si los de otras personas se entusiasman con lo que escribo, de ahí nace algo en común. Para mí eso se traduce en que también yo dejaré algo a la siguiente generación, por muy humilde que sea.

La realidad es que tengo poco contacto o relación con mis lectores. No suelo aparecer en público y tampoco me prodigo en los medios de comunicación. Nunca he aparecido en la televisión o en la radio por voluntad propia (de hecho, me han sacado en alguna ocasión sin mi consentimiento), nunca he firmado libros y no dejan de preguntarme por qué. La razón es sencilla: soy un escritor, nada más que eso. Lo mejor que puedo hacer es escribir, poner todo mi empeño en ello. La vida es breve y el tiempo y la energía de que disponemos son limitados. No me gusta perder el tiempo en lo que no es mi ocupación principal, pero sí que doy conferencias o participo en lecturas públicas, con firma de libros incluida, en el extranjero una vez al año. Como autor japonés considero que es mi obligación hacerlo, y me gustaría extenderme sobre ese tema en alguna otra ocasión.

He abierto una página web en dos ocasiones, en ambas por un espacio de tiempo determinado, y recibí infinidad de mensajes. Como regla general me propuse leerlos todos. Cuando eran muy largos no me quedaba más remedio que leer un poco por encima, pero, a pesar de todo, cumplí mi objetivo. Contesté alrededor del diez por ciento. Respondí a las preguntas, atendí consultas o di mi opinión sobre ciertas cosas... Se produjeron todo tipo de intercambios, desde breves comentarios hasta respuestas muy largas. En las dos ocasiones, que se prolongaron durante varios meses, apenas hice otra cosa, dediqué todas mis fuerzas a responder. Curiosamente, la mayoría de quienes recibieron mis respuestas no se creyeron que fueran de mi puño y letra. Pensaron que alguien contestaba en mi lugar. Es una práctica habitual, por lo que supusieron que yo hacía lo mismo. Y eso a pesar de advertir en ambas páginas que respondería personalmente. Al parecer nadie me creyó.

Una chica joven me contó que, feliz de haber recibido mi respuesta, se lo dijo a sus amigos, pero ellos le aguaron la fiesta: «¡Eres tonta o qué! ¿Cómo va a responder a toda la gente que le ha escrito? Estará ocupado con cosas más importantes y habrán encargado a alguien que lo haga por él». Hasta ese momento jamás habría imaginado que el mundo estuviera tan lleno de desconfiados (o quizá de gente empeñada en engañar a los demás), pero la única verdad es que las respuestas las escribí yo mismo. No suelo tardar en responder ni me cuesta demasiado esfuerzo, pero entonces sí me resultó muy duro. A pesar de todo, fue divertido, una experiencia de la que aprendí mucho.

El intercambio de mensajes con lectores de carne

y hueso me hizo darme cuenta de algo: estaban en lo cierto al entender mis obras como una totalidad. Caso por caso, a veces tenía la impresión de que se producían malentendidos, le daban demasiadas vueltas a algo o simplemente se equivocaban (lamento decirlo). Muchos de ellos se declaraban lectores entusiastas de mis novelas, pero criticaban algunas en concreto y alababan otras. No les suponía ningún problema mostrar sus simpatías o sus antipatías. Había opiniones para todos los gustos y casi nunca coincidían, pero al mirar atrás y observar el conjunto con perspectiva, me di cuenta de que realmente entendían el fundamento de lo que hago. Era como si retirasen dinero de una cuenta y poco después hicieran un ingreso. Al final, el balance estaba donde debía estar.

Durante esas dos ocasiones de intenso intercambio con los lectores me dije a mí mismo: «¡Al fin lo entiendo!». Sentí como si se despejara la niebla que oculta siempre la cumbre de una montaña. Adquirir con ellos todo ese conocimiento fue algo impagable, solo posible gracias a la existencia de internet. No obstante, el esfuerzo fue tan enorme que no me siento capaz de volver a repetirlo.

Ese lector imaginario que tengo en mente cuando escribo y del que he hablado antes se corresponde, más o menos, con ese conjunto específico de lectores, pero hablar de conjunto agranda demasiado una idea que no termina de ajustarse en mi mente. Por eso prefiero condensarla en algo más simple, en la representación de un único lector imaginario.

254

En las librerías japonesas se suele separar a los autores masculinos de los femeninos. En el extranjero, por el contrario, tal división no existe. Quizás en algún país, pero yo nunca lo he visto. Me he preguntado muchas veces a qué se debe esa división por sexos y he llegado a la conclusión de que quizá sea por pura conveniencia. Las mujeres tienden a leer a mujeres y los hombres a hombres. Pensándolo bien, me doy cuenta de que, en general, también yo leo a más autores que a autoras, pero no lo hago por el hecho de que lo haya escrito un hombre. En cierto sentido es pura casualidad. De hecho, hay muchas escritoras que me gustan y a las que admiro: Jane Austen; Carson McCullers, de quien he leído todas sus obras; Alice Munro, Grace Paley (a quien he traducido). Me gustaría que desapareciera esa división por géneros en las librerías japonesas (de no hacerlo, solo conseguiremos que se haga aún más profunda esa división sin sentido), pero da igual lo que yo opine. No creo que nadie me preste demasiada atención.

Entre mis lectores, la proporción entre hombres y mujeres está más o menos equilibrada. No llevo una estadística, pero los distintos intercambios que hemos mantenido me hacen llegar a esta conclusión. Sucede en Japón y fuera de Japón. No sé bien por qué, pero es un motivo de alegría. La población mundial se divide más o menos por la mitad entre hombres y mujeres, por tanto, cuando sucede lo mismo con los lectores, solo puede ser algo natural y saludable.

Cuando hablo con algunas de mis jóvenes lectoras y me preguntan cómo es que yo, un hombre de sesenta años, comprendo tan bien sus sentimientos (aunque es obvio que habrá muchas que no estén de acuerdo en absoluto), no dejo de extrañarme. Nunca he tenido la impresión de comprender especialmente bien los sentimientos de las mujeres jóvenes, así que no dejo de asombrarme. En tales ocasiones les contesto: «Cuando escribo, procuro ponerme en la piel de mis personajes y quizá por eso termine por entender más o menos cómo se sienten, aunque solo sea en el contexto de la novela».

Me refiero a que manejar a los personajes en la estructura de la novela me lleva a entenderlos, pero otra cosa muy distinta es entender a las personas reales como esas chicas a las que les gustan mis libros. A la gente de carne y hueso, por desgracia, no logro entenderla con facilidad. Me consuelo pensando que existe una serie de lectoras que me leen, es decir, que leen lo que escribe un hombre que ya tiene sesenta y pico años, que se divierten y que empatizan de algún modo con los personajes que aparecen en sus libros. Solo eso es un motivo de alegría. Más bien me parece un milagro. No considero que esté mal que existan libros específicos para hombres y mujeres, incluso creo que son necesarios. Sin embargo, espero que los míos no hagan esas distinciones. Si una pareja, un grupo de amigos y amigas, un matrimonio o un padre con su hijo disfrutan con uno de mis libros y hablan de él, a mí eso solo me produce una cosa: alegría. Me parece que una novela o un texto narrativo desempeña una función de acercamiento entre hombres y mujeres, entre personas que pertenecen a distintas generaciones. De igual modo, sirven para neutralizar tópicos e ideas preconcebidas que terminan por producir estereotipos. Esa virtud de la literatura es maravillosa. Aunque sea en muy poca medida, deseo que mis novelas ejerzan de algún modo ese efecto positivo.

Me da apuro reconocerlo, pero en lo más profundo de mi ser siento que los lectores me han bendecido desde que me estrené como escritor. La crítica, por su parte, ha sido muy severa conmigo durante años, e incluso en las propias editoriales donde he publicado he tenido siempre más detractores que entusiastas. He recibido no pocos comentarios hostiles, un trato frío, y siento como si hubiera trabajado todo este tiempo con el viento siempre de cara, por mucho que su intensidad variase en función de la época.

A pesar de todo, nunca he desfallecido, nunca me he deprimido por mucho que en ocasiones me sintiera hundido y ha sido así gracias a la respuesta de los lectores. Probablemente no soy la persona más indicada para decirlo, pero mis lectores me parecen muy capacitados. No se olvidan de mis novelas y muchas veces se hacen preguntas pertinentes. Al parecer, no pocos, releen mis libros. Una o varias veces. Los prestan a sus amigos y después intercambian impresiones. Hacer eso es una forma de contemplar las cosas desde distintas perspectivas, de comprender otras posibles dimensiones. Digo todo esto porque lo he escuchado de boca de los propios lectores y siempre se lo he agradecido con toda honestidad. Esa actitud de los lectores es ideal para cualquier escritor. Yo mismo leía de ese modo cuando era joven.

De lo que me enorgullezco especialmente es de que, durante treinta y cinco años, cada vez que he publicado un libro ha aumentado el número de lectores. Una de las razones está en el inesperado éxito de *Tokio blues,* pero al margen de ese caso concreto (que incluye un considerable número de lectores circunstanciales), el incremento ha sido constante, como lo ha sido el interés por cada una de mis nuevas novelas. No cabe duda al ver los números, pero mucho más importante que eso es que yo lo percibo con suma claridad. No es una tendencia exclusiva de Japón. También ha ocurrido lo mismo en el extranjero. La actitud de mis lectores, al margen de su nacionalidad, tiene rasgos comunes y eso no deja de ser algo interesante.

Dicho de otro modo, a lo largo de todos estos años me parece haber creado un sistema que me conecta directamente con mis lectores, como si se tratase de una gran tubería. Gracias a este sistema no resultan imprescindibles, al menos no demasiado, los mediadores, como pueden ser los medios de comunicación o la propia industria editorial. Lo más importante, sin duda, es la relación de confianza entre los lectores y el autor. Sin esa confianza, que para los lectores se traduce en algo así como: «Si es un libro de Murakami no quiero dejar de leerlo», el sistema no resistiría.

Hace tiempo, en un encuentro personal con John Irving, me dijo algo interesante en este sentido: «Lo más importante para un autor es *to hit the mainline* a los lectores», lo que expresado en términos coloquiales de Estados Unidos se puede traducir como «meterles un chute a los lectores» (quizá no sea la forma más adecuada de expresar la idea), o sea, convertirlos en adictos a lo que uno hace, crear un vínculo imposible de cortar, una relación en la que el lector casi no puede esperar a la siguiente dosis. Como metáfora se entiende bien, pero resulta demasiado agresiva, incómoda. Yo prefiero usar una imagen más neutra e inocua, como la tubería a la que me he referido antes. En cualquier caso, el significado profundo viene a ser más o menos el mismo. Es importante esa sensación física, íntima, de que los lectores tratan con el autor de forma directa, casi personal.

A veces recibo cartas de mis lectores que me resultan simpáticas: «Me ha desilusionado mucho su nuevo libro. Lamento decirle que no me gusta, pero no se preocupe, compraré el siguiente. ¡Ánimo!». Me gustan mucho esos lectores sinceros. Les estoy muy agradecido. Si son capaces de decirme algo así, es porque existe esa sensación de confianza mutua. Sus palabras me ayudan a esforzarme siempre un poco más. Al fin y al cabo escribo para esas personas y si un libro mío no les ha gustado, deseo de todo corazón que lo haga el siguiente. Pero como me resulta imposible conseguir que todo el mundo disfrute a la vez, nunca sé muy bien qué va a suceder en realidad.

11

Salir al extranjero. Nuevas fronteras

Fue a finales de los ochenta cuando se empezó a presentar mi obra de manera sistemática en los Estados Unidos. La editorial Kodansha International (K.I.) publicó en rústica la traducción al inglés de *La caza del carnero salvaje,* y poco después la revista *New Yorker* se interesó por algunos de mis relatos. Kodansha tenía entonces una oficina en el centro de Manhattan con un considerable número de empleados y llevaba a cabo una intensa actividad para abrirse un hueco en el mercado editorial estadounidense. De hecho, más tarde terminaría por transformarse en Kodansha America (K.A.). No conozco bien los detalles, pero era una especie de filial de la casa madre dedicada exclusivamente al mercado norteamericano.

El editor jefe era un estadounidense de origen chino llamado Elmer Luke y con él trabajaba un equipo muy competente compuesto por expertos en relaciones públicas y ventas. El director, el señor Shirai, no imponía un método de trabajo tan pesado como en el sistema japonés. Siempre ofreció toda la libertad que podía a los trabajadores, hasta crear un ambiente general relajado y tolerante. Todos ellos pusieron mucho entusiasmo en la publicación de mi libro. Al poco tiempo me instalé en Nueva Jersey, y cuando iba a Nueva York aprovechaba para pasar por la oficina situada en Broadway. El ambiente del que disfrutaban allí parecía más el de una empresa americana que el de una empresa japonesa. Los trabajadores eran todos nativos de Nueva York, estaban muy motivados, eran competentes y trabajar con ellos me resultaba muy divertido. Guardo un recuerdo extraordinario de todo lo que ocurrió en aquella época. Acababa de cumplir cuarenta años y tenía la viva impresión de que no dejaban de suceder cosas interesantes a mi alrededor, hasta el punto de que aún mantengo la amistad con alguno de ellos.

Gracias a la excelente traducción de Alfred Birnbaum, *La caza del carnero salvaje* funcionó mucho mejor de lo que imaginaba. El *New York Times* publicó una extensa reseña sobre la obra y John Updike firmó una crítica muy favorable en la revista *New Yorker*. Sin embargo, las ventas se quedaron muy lejos de lo que podría considerarse un éxito. Kodansha International era una editorial nueva en el mercado norteamericano, yo un autor sin nombre y las librerías no colocaron el libro en un lugar destacado. Tal vez hubiera tenido más éxito de existir internet o los libros electrónicos, como en la actualidad, pero todo eso estaba aún por llegar. Aunque se habló bastante de la novela, eso no se tradujo en ventas. La editorial Vintage (del grupo Random House) la publicó más tarde en edición de bolsillo y ha terminado por convertirse en un *long seller*.

No mucho tiempo después se publicó *El fin del mundo y un despiadado país de las maravillas,* seguida de *Baila, baila, baila.* Ambas novelas recibieron también buenas críticas y comentarios positivos, pero quedaron recluidas a ese espacio llamado «de culto» y, una vez más, las ventas no se correspondieron con la buena acogida. En aquel entonces la economía japonesa estaba en plena forma. Incluso se publicó un libro titulado *Japan as Number One* [Japón como número uno] que dio mucho que hablar. Era un momento de expansión económica que no iba a la par con una expansión cultural. Cuando hablaba con conocidos norteamericanos, el tema de conversación solía girar en torno a la cuestión económica, apenas se hablaba de nada relacionado con la cultura. Había algunos japoneses famosos como el músico Ryūichi Sakamoto o la autora Banana Yoshimoto, pero, al menos en el mercado estadounidense, no llegaban a despuntar tanto como para despertar el interés de la gente por la cultura japonesa. Algo que, sin embargo, sí sucedía en Europa. Dicho de una manera esquemática y un tanto rotunda, en aquella época se pensaba que Japón era un país sumamente enigmático con muchísimo dinero. Por supuesto que había gente que valoraba la literatura después de leer a autores como Kawabata, Tanizaki o Mishima, pero quienes los leían eran solo una pequeña parte de la *intelligentsia,* lectores de un perfil muy intelectual de entornos urbanos en su mayor parte.

Cuando la revista *New Yorker* compraba alguno de mis relatos, me alegraba mucho, era casi un sueño hecho realidad, pues yo era lector asiduo de la revista, pero en general puedo decir que no tuve demasiado éxito en esa fase. Si lo comparo con un cohete, diría que la fase de ignición funcionó bien, pero la propulsión de los motores secundarios no del todo. De entonces hasta hoy, sin embargo, la buena relación con el *New Yorker* no ha variado a pesar de los cambios en la redacción. De algún modo, la revista sigue siendo mi hogar, el lugar donde de verdad me encuentro bien en Estados Unidos. Siempre les gustó mi estilo, quizás encajaba bien con el ambiente general, y en determinado momento me propusieron un contrato de colaboración. Me enteré poco después de que J.D. Salinger también había firmado un contrato similar y me sentí sumamente halagado.

El primero de mis relatos que publicó el *New Yorker* fue «Gente de la televisión», concretamente el 10 de septiembre de 1990. Desde entonces, y durante veinticinco años, han publicado un total de veintisiete relatos. Los criterios que establece la revista para publicar un relato son muy estrictos, de manera que por muy famoso que sea el escritor o por muy estrecha que sea su relación con la redacción, si consideran que no se ajusta a esos criterios, lo rechazan sin más contemplaciones. De hecho, incluso rechazaron algún relato de Salinger por acuerdo de la redacción, si bien al final terminaron por publicarlos debido al empeño personal de William Shawn, el jefe de redacción. Como es natural, también rechazaron en varias ocasiones alguno de los míos y puedo decir que, en ese sentido, funcionan con criterios completamente distintos a los de las revistas japonesas.

Una vez superado el listón de las exigencias y gracias a publicar periódicamente en la revista, poco a poco me hice un hueco entre los lectores estadounidenses y mi nombre empezó a sonar. Sin duda, esa colaboración supuso una ayuda muy importante.

El prestigio e influencia de la revista *New Yorker* son enormes y no se pueden comparar de ninguna manera con los de las revistas japonesas. Si uno dice en Estados Unidos que ha vendido un millón de copias en Japón o que ha ganado no sé qué premio, como mucho su interlocutor se sorprende, pero si dice, por el contrario, que publica en el *New Yorker,* la reacción es completamente distinta. Por mi parte, no puedo dejar de envidiar a una cultura que tiene semejante revista como referencia.

Algunas personas que conocí por trabajo me explicaron que si quería tener éxito en Estados Unidos, debía contar con un agente literario del país que me abriese las puertas de las editoriales importantes. En realidad, ya me había dado cuenta de que las cosas funcionaban así. Al menos en aquel entonces. Lo lamenté mucho por todas las personas que trabajaban en Kodansha, pero empecé a buscar un nuevo agente y una nueva editorial. Después de algunas entrevistas en Nueva York, me decidí por una importante agencia llamada ICM (International Creative Management), dirigida por Amanda Urban, conocida familiarmente en el mundillo literario como «Binky». La editorial donde publicaría a partir de entonces era Knopf, un sello de Random House cuyo director era Sonny Mehta. El editor que se haría cargo de mí sería Gary Fisketjon. Los tres tenían un considerable prestigio en el mundo editorial, y, al pensarlo ahora, me sorprende que personas de esa categoría se interesasen por mí, pero entonces yo estaba desesperado y ni siquiera tuve tiempo para apreciar la verdadera importancia de lo que había logrado. Simplemente me había propuesto buscar un agente y después de visitar a varios me decidí por ellos.

Creo que se interesaron en mí por tres razones fundamentales. La primera, porque era el traductor al japonés de Raymond Carver, quien introdujo sus obras en Japón. Los tres habían trabajado siempre con él y no creo que fuera pura casualidad. Tal vez me condujo hasta ellos el difunto Carver, fallecido tan solo cuatro o cinco años antes.

La segunda razón es que en Estados Unidos se habló mucho de los dos millones de copias vendidas en Japón de *Tokio blues*. Semejante cifra era muy poco frecuente incluso en Estados Unidos. Ese éxito me dio un nombre en el mundo editorial y la novela me sirvió como tarjeta de presentación.

La tercera razón es que había empezado a publicar mis novelas en Estados Unidos y, en general, habían tenido buena acogida. Quizá vieron en mí a un recién llegado con un futuro prometedor. Influyó mucho mi colaboración con la revista *New Yorker*. Al legendario Robert Gottlieb, nombrado redactor jefe en sustitución de William Shawn, al parecer le gustaban mis relatos y fue él personalmente quien se tomó la molestia de mostrarme todos los recovecos de la revista. También hubo una editora, Linda Ashley, una mujer encantadora con la que congenié muy bien desde el principio, que se hizo cargo de mí y facilitó mucho las cosas. Dejó la revista hace mucho tiempo, pero aún mantenemos una buena amistad. No exagero si afirmo que fue el *New Yorker* el que me abrió el mercado estadounidense.

Conocer a esas tres personas, Binky, Mehta y Fisketjon, resultó crucial para que las cosas me fueran bien. Eran competentes, entusiastas, ejercían una influencia a tener en cuenta en el sector editorial y su red de conexiones era muy amplia. «Cheap» Kid, el diseñador gráfico de Knopf (famoso por sus excentricidades), se hizo cargo de todos mis libros, desde *El elefante desaparece* hasta *Los años de peregrinación del chico sin color*, y su trabajo les aportó una reputación considerable. Había mucha gente que esperaba un nuevo libro, ansiosa por ver el diseño de Kid. Trabajar rodeado de gente tan capacitada fue, sin lugar a dudas, todo un privilegio.

Otro factor esencial en todo aquel proceso fue una decisión personal que tomé muy al principio: asumí que debía comportarme en todos los aspectos como cualquier autor norteamericano, pasando por alto el hecho de ser japonés. Me encargué personalmente de buscar traductores para mis novelas. Revisé los trabajos y, con los manuscritos bajo el brazo, fui a ver a mi agente para que los presentara a las editoriales. De ese modo, todo el mundo podría tratarme de igual a igual, como uno más. Es decir, nos movíamos en el mismo terreno de juego y así dejé de ser para ellos un escritor extranjero que escribía novelas en un idioma extranjero. Las reglas eran las mismas para todos.

Lo primero que hice fue afianzar ese sistema. En el primer encuentro con Binky, ella me lo dejó claro: no podía hacerse cargo de obras que no pudiera leer en inglés. Lo leía todo personalmente, lo valoraba y, cuando algo la convencía, se ponía a trabajar. No podía ocurrir nada de eso si no lo podía leer. Era lógico, de manera que encargué las traducciones y trabajé con ellas hasta quedar realmente convencido del resultado.

Muchas personas que trabajan en el sector editorial tanto en Japón como en Europa tienen el convencimiento de que las editoriales en Estados Unidos se mueven exclusivamente por criterios comerciales, preocupadas solo por las ventas, y no hacen nada para promover la carrera de los autores. No me parece que esa idea refleje tanto un sentimiento antiamericano, como un rechazo a determinado modelo de negocio. Al menos a una falta de sintonía. Sería absurdo negar esa realidad del sector editorial americano. He conocido a muchos autores de ese país exultantes cuando vendían bien y muy fríos cuando vendían mal, al margen de la calidad de la obra en cuestión. Quizá no les falte razón a quienes solo ven negocio en el sector editorial americano, pero también hay algo más. He visto con mis propios ojos a agentes y a editores realizar grandes esfuerzos al margen de pérdidas o ganancias, empeñados en una obra en concreto o en un autor en el que creen. Su implicación y su entusiasmo juegan un papel tan importante como en cualquier otro país del mundo.

Se trate del país que se trate, quienes trabajan en el sector editorial suelen tener en común su pasión por los libros. Quienes solo piensan en el dinero, o en vivir bien con un buen salario, nunca se dedicarán al mundo editorial, sea donde sea. Esas personas trabajan en Wall Street o en Madison Avenue, donde se concentran las empresas publicitarias. Excepto casos concretos, los sueldos que pagan las editoriales no suelen ser demasiado altos, de ahí que quienes trabajan en el sector lo hagan motivados por su devoción por los libros. En general, si creen que determinada obra merece la pena, se empeñan en ella sin pensar en pérdidas o beneficios.

Durante una época de mi vida viví en la Costa Este de Estados Unidos, en concreto en Nueva Jersey y en Boston. Eso me permitió entablar una relación personal e íntima con Binky, con Gary y con Sonny. Vivía lejos de mi país natal y el hecho de trabajar mano a mano con ellos durante muchos años nos daba la oportunidad de encontrarnos de vez en cuando para comer y conversar sobre muchas cosas. Lo mismo sucede en cualquier país. Si, por el contrario, uno delega todo en manos de su agente, se olvida de que tiene un editor y se dedica a lo suyo, las cosas no se moverán. Si se trata de una obra con una fuerza arrolladora, tal vez su autor pueda permitirse ese lujo, pero en mi caso no tengo esa confianza ni en mí mismo ni en mis novelas y, además, por carácter siempre me esfuerzo por hacer todo cuanto esté en mis manos, como sucedía entonces. En Estados Unidos no hice ni más ni menos que lo que ya había hecho antes en Japón. En cierto sentido volví al punto de partida. Volvía a ser un autor novel, pero esta vez con cuarenta y tantos años.

Si se me ocurrió la idea de probar suerte en Estados Unidos, fue porque me habían sucedido una serie de cosas bastante molestas en Japón, hasta el extremo de sentir que perdía el tiempo. Era la época de la burbuja y ganarse la vida como escritor no resultaba tan difícil. La población del país había superado los cien millones y el índice de alfabetización era prácticamente del cien por cien. Es decir, el número potencial de lectores era inmenso. Por si fuera poco, la economía japonesa iba viento en popa y el mundo entero miraba atónito lo que ocurría en el país. En el sector editorial había también una actividad muy intensa, se publicaban todo tipo de revistas inundadas de publicidad, la bolsa subía sin parar, en el sector inmobiliario parecía como si el dinero cayese del cielo. Los escritores escribían por encargo sin parar y muchos de esos trabajos eran muy atractivos. Te ofrecían, por ejemplo, ir a cualquier parte del mundo y gastar dinero a placer para escribir un libro de viajes. También personas anónimas te hacían propuestas casi imposibles de rechazar. Alguien que acababa de comprarse un *château* en Francia, ni más ni menos, me ofreció la posibilidad de instalarme allí un año entero para que me dedicase a escribir sin prisas una novela. No obstante, rechacé todas esas propuestas con suma educación. Lo pienso ahora y me parece increíble. Aunque uno no vendiera muchos libros, lo cual constituye el alimento principal de los escritores, se podía vivir muy a gusto con todos esos platos secundarios.

A mí aquel ambiente, justo antes de cumplir los cuarenta años, es decir, en un momento crucial de mi carrera como escritor, no me agradaba especialmente. Hay una expresión en japonés que alerta sobre el peligro de cuando uno se dispersa o se le altera el corazón, y eso es exactamente lo que ocurrió entonces. La sociedad en su conjunto perdió las referencias y todo el mundo se puso a hablar solo de dinero. No era un ambiente que invitase a sentarse tranquilamente a escribir una novela. Poco a poco empecé a sentir cada vez con más fuerza que de seguir allí iba a malograr mi vida, y encima nunca iba a entender por qué. Prefería un ambiente más serio, más sosegado, explorar nuevas fronteras. Quería experimentar nuevas posibilidades y por eso tomé la decisión de alejarme de Japón a finales de los ochenta, momento que coincidió con la publicación de *El fin del mundo y un despiadado país de las maravillas*.

Otra de las razones que me empujaron a vivir en el extranjero fue que el viento en Japón empezaba a soplar en contra de mis obras y en contra de mí mismo. En esencia, no había nada que hacer. Una persona con defectos solo podía escribir novelas con defectos. Yo lo asumía y vivía sin preocuparme demasiado por ello, pero aún era joven y las críticas, la manera de formularlas, me parecían muy injustas. Me atacaban entrometiéndose en aspectos de mi vida personal, escribían falsedades que afectaban a mi familia. Más que desagrado, sentía una gran extrañeza al preguntarme por qué entraban en ese terreno.

Con la perspectiva que dan los años, tengo la impresión de que fueron descargas de frustración y rabia de gente del mundillo literario de la época, escritores, críticos, editores... Me refiero a que había un descontento casi depresivo en ese ambiente al darse cuenta de que la influencia y la existencia misma del *mainstream*, la corriente dominante de la considerada literatura pura, habían desaparecido, se habían perdido. Poco a poco se producía un cambio de paradigma, pero el sector editorial se resistía. Imagino que resultaba insoportable aceptar algo que se interpretaba como una debacle. Por eso juzgaban lo que yo escribía, tal vez mi propia existencia, como la causa primera de la ruptura y desaparición de un *statu quo* que nunca debería haber cambiado. Querían eliminar la que consideraban la causa primera a toda costa, como leucocitos que atacasen a un virus invasor. Es así como lo siento. En mi opinión, si se sentían amenazados por mi existencia, el problema no estaba en mí, sino en ellos. A menudo leía o escuchaba: «Lo que escribe Murakami, al fin y al cabo, no es más que un refrito de literatura extranjera, algo que solo puede funcionar bien dentro de Japón». Yo nunca he tenido la impresión de escribir refritos. Más bien me parece que me he esforzado mucho por buscar nuevas formas de expresión, nuevas posibilidades de la lengua japonesa. A decir verdad, el hecho de que dijeran todas esas cosas significó para mí un desafío, me empujó a probar suerte a ver si de verdad mi obra no funcionaba en el extranjero. No soy especialmente competitivo, pero si las cosas no me convencen no paro hasta que terminan por hacerlo.

Si podía trabajar como escritor en el extranjero, quizás así me liberaría de una relación tan compleja con el mundo literario. Eso pensé. Como poco no tendría por qué escuchar todo ese ruido. Esa posibilidad terminó por convertirse en uno de los acicates que me llevaron a esforzarme tanto en el extranjero. Lo pienso y me doy cuenta de que aquel ambiente, todas aquellas críticas se convirtieron en poderosas razones para marcharme. En ese sentido puedo decir que fui afortunado. La única cosa que hay que temer de verdad es morir rodeado de aduladores y alabanzas.

La mayor alegría que me aportó publicar en el extranjero fue que, en general, críticos y lectores consideraron mi obra original, distinta, peculiar. Les gustase o no la novela en cuestión, como mínimo admitían que el estilo era muy particular, único. Cosa muy distinta a lo que decían en Japón. Para mí, ser original, tener un estilo propio era y es uno de los mayores elogios que se le pueden dedicar a alguien.

Curiosamente, cuando mis obras empezaron a circular en el extranjero, a esas mismas personas que afirmaban rotundamente que solo funcionaban en Japón por tal y cual les dio por decir que mi éxito residía en el hecho de escribir con un lenguaje sencillo, fácil de traducir y de contar historias fáciles de comprender para lectores no japoneses. ¿En qué quedamos? No podía por menos de mostrar incredulidad. El asunto no tiene remedio, debemos aceptarlo. En este mundo hay una serie de personas que se dedican a opinar sin preocuparse por nada más y lo hacen sin tener bases sólidas para argumentar lo que dicen al margen de la dirección en que sopla el viento.

Las novelas brotan con naturalidad del interior de uno mismo. No se construyen a golpe de estrategia. No se puede escribir una novela después de realizar un estudio de mercado, y aunque de hecho se haga, dudo mucho de su hipotético éxito. Si aun así lo obtienen, tanto las obras en sí como su autor serán flor de un día y no tardarán en caer en el olvido. Abraham Lincoln dejó esta frase para la posteridad: «Se puede engañar a mucha gente durante un periodo de tiempo corto. También se puede engañar a determinada gente durante un periodo de tiempo más largo, pero no se puede engañar a todos para siempre». En mi opinión, lo mismo se puede aplicar a la novela. En el mundo existen infinidad de cosas cuyo valor solo lo demuestra el paso del tiempo. Nada más.

Regreso ahora al tema principal que me ocupaba. Las ventas de mis libros en Estados Unidos aumentaron poco a poco, de manera constante, a partir del momento en que empecé a publicar en la editorial Knopf y más tarde en su filial Vintage las ediciones de bolsillo. Cada libro nuevo entraba enseguida en las listas de *best sellers* elaboradas por periódicos de ciudades como Boston o San Francisco. Se formó así un sustrato de lectores fieles como me había sucedido en Japón. A partir del año 2000, tras la publicación de *Kafka en la orilla* (publicado en Estados Unidos en 2005), mis libros empezaron a destacar en la lista de *best sellers* publicada por el *New York Times,* con datos de todo el país, aunque cerca de las últimas posiciones. Es decir, poco a poco empezaron a conocerme en zonas del interior del país, más allá de las grandes áreas urbanas de tendencia liberal de las costas Este y Oeste. *1Q84* (publicado en 2011) se colocó en el segundo puesto de la lista de libros de ficción en rústica más vendidos. *Los años de peregrinaje del chico sin color* (2014), en el primero. Llegar a esa situación me había llevado mucho tiempo. No puedo decir precisamente que hubiera dado en la veta del éxito a la primera, pero había logrado asentar el suelo bajo mis pies después de trabajar duro. Gracias a eso, las obras más antiguas en sus ediciones de bolsillo empezaron a moverse también. Al fin se había generado una corriente favorable.

Sin embargo, una de las cosas que más me llamó la atención fue la gran aceptación de mis novelas en Europa, antes incluso que en Estados Unidos. Elegir Nueva York como centro de difusión de mi trabajo en el extranjero tuvo relación con el incremento de ventas en Europa. Era una dinámica que jamás habría imaginado, y, realmente, nunca imaginé la verdadera trascendencia que tenía Nueva York como epicentro editorial. Si elegí Estados Unidos fue, principalmente, por el idioma, un poco por casualidad, pero donde empezó a cocinarse todo, al margen de los países asiáticos, fue en Rusia y en la Europa oriental. Desde allí avanzó poco a poco hacia el oeste hasta llegar a Europa occidental. Sucedió más o menos a mitad de la década de los noventa. Nunca ha dejado de sorprenderme que durante una buena temporada alguno de mis libros estuviera entre los diez libros más vendidos en Rusia.

Es solo una impresión personal y no puedo ofrecer ejemplos concretos o argumentos, pero desde una perspectiva cronológica me parece que mis libros empiezan a leerse en determinado país cuando tiene lugar algún tipo de conmoción o proceso de cambio. Las ventas aumentaron en Rusia y en Europa oriental tras la gigantesca transformación social que conllevó el desplome del Comunismo. Los sistemas dictatoriales de los regímenes comunistas, que hasta el día antes de caer parecían tan firmes como inamovibles, se desplomaron inesperadamente y se instaló un caos mezclado con muchos deseos e inquietudes. En esa situación de cambio en el sistema de valores, las historias que ofrecía yo parecían cobrar un nuevo sentido.

Cuando cayó el muro de Berlín, y tras la reunificación de Alemania, mis libros empezaron a leerse allí. Quizá sea solo una coincidencia, pura casualidad, pero hasta cierto punto me parece lógico y natural que cuando algo convulsiona la realidad, esto termine por afectar decisivamente en la vida cotidiana de las personas, que empiezan a demandar cambios. La realidad social y la de una narrativa concreta terminan por conectarse en el espíritu de cada individuo, en su inconsciente. No importa la época, pero cuando la realidad social cambia dramáticamente, el cambio en la narrativa es inevitable.

La narrativa como tal existe como metáfora de la realidad circundante, y la gente reclama textos acordes con lo que sucede a su alrededor, con lo que les pasa a ellos. Un sistema nuevo de metáforas que ayude a comprender un entorno cambiante cuando se produce ese tipo de procesos. De ese modo tienen la impresión de no ser expulsados de ella. La gente puede aceptar una realidad inestable a su alrededor y mantener al mismo tiempo la conciencia de estar conectada a esos dos sistemas, el social y el narrativo. Dicho de otro modo, pueden ir y venir de un mundo objetivo a otro subjetivo y ajustarlos. La narrativa de mis novelas, creo, ha funcionado globalmente a modo de engranaje, como un ajuste. Repito: son solo impresiones personales por mucho que crea estar en lo cierto.

En ese sentido, me parece que la sociedad japonesa percibió mucho antes y con naturalidad algo tan evidente como ese deslizamiento general, ese cambio. Desde luego, mucho antes que las sociedades occidentales. En Japón mucha gente había leído mis libros en esa clave, y puede que también en países vecinos de Asia oriental, como China, Corea o Taiwán. Me consta que los lectores de esos tres países leyeron con entusiasmo mis novelas mucho antes de que se leyeran en Europa o en Estados Unidos.

En los países de Asia oriental, la transformación social era una realidad antes de que se produjera en los países occidentales. No fue un cambio rápido o violento como consecuencia de algún incidente, sino más bien una transformación suave, lenta, constante a lo largo del tiempo. En los países asiáticos que experimentaron un fuerte crecimiento económico, la transformación social no se produjo de buenas a primeras. Más bien se había ido gestando de forma continuada y silenciosa a lo largo del último cuarto de siglo.

No se puede afirmar con rotundidad y puede que haya muchos factores que influyan en ello, pero la reacción general del público asiático y la del público occidental es muy diferente. Una de las razones, a mi modo de ver, es que entienden y asumen esa transformación de forma distinta. En Japón y en los países de Asia oriental no existía, en un sentido estricto, la modernidad antes de que llegase la posmodernidad. Es decir, la separación entre el mundo objetivo y el subjetivo no estaba tan clara como en las sociedades occidentales. Sea como fuere, si profundizo en este asunto, me extendería demasiado, por lo que prefiero dejarlo para otra ocasión.

Uno de los factores decisivos que me permitieron hacerme un hueco en los países occidentales fue, creo, trabajar con traductores excelentes. A mediados de los ochenta, un tímido joven estadounidense llamado Alfred Birnbaum vino a verme para decirme que le gustaban mucho mis novelas y que había empezado a traducir por su cuenta algunos de mis relatos. Me preguntó si no me importaba y en ese mismo instante le dije que en absoluto, que adelante; y a pesar de que le llevó tiempo, tradujo bastantes cosas. Su trabajo fue, precisamente, lo que me dio la oportunidad de publicar en el *New Yorker*. Tradujo también *La caza del carnero salvaje*, *El fin del mundo y un despiadado país de las maravillas* y *Baila, baila, baila* para Kodansha International. Birnbaum ya era por aquel entonces un traductor muy competente dotado de una gran voluntad y capacidad de trabajo. Si no hubiera venido a verme, no se me habría ocurrido traducir mis obras al inglés, pues creía que aún no había alcanzado el nivel adecuado para hacerlo.

Me instalé en Estados Unidos tras recibir una oferta de la Universidad de Princeton y fue entonces cuando conocí a Jay Rubin. Rubin daba clases en la Universidad de Washington y más tarde se trasladó a Harvard. Era un brillante estudioso de literatura japonesa, conocido por haber traducido algunas obras de Natsume Sōseki. También él se interesó por mí y me propuso traducir alguna de mis novelas. Le pedí que seleccionase algunos relatos y novelas cortas que le gustasen e hizo un trabajo magnífico. Lo más interesante es que las preferencias de Alfred y Jay eran completamente distintas. Nunca coincidieron y eso me extrañó. Fue entonces y gracias a ellos cuando me di cuenta de la importancia de tener varios traductores.

Jay Rubin es un traductor muy capaz y creo que, gracias a su trabajo con una de mis novelas largas, *Crónica del pájaro que da cuerda al mundo,* mi valoración en Estados Unidos mejoró considerablemente. Explicado de un modo sencillo, diría que Alfred Birnbaum traduce con libertad y Jay Rubin con fidelidad. Cada estilo tiene su encanto, pero a Alfred le ocupaba tiempo su trabajo y no podía hacerse cargo de la traducción de las novelas largas. La aparición de Jay fue para mí una auténtica bendición. Traducir una obra con una estructura relativamente compleja como *Crónica del pájaro que da cuerda al mundo* me parece que era un trabajo más apropiado para una persona como Jay, siempre fiel al texto original. Lo que más me gusta de su trabajo es que consigue trasladar con mucha habilidad un sentido del humor sutil, no se ciñe exclusivamente a los objetivos de fidelidad y corrección.

Tengo también otros traductores, como Philip Gabriel y Ted Goossen, ambos muy competentes e interesados en mis novelas. Mantenemos una buena relación desde hace años e igualmente fueron ellos quienes se pusieron en contacto conmigo para ofrecerse a traducir alguna de mis obras, un gesto que siempre les he agradecido. Gracias a la relación personal que mantengo con todos ellos he ganado unos inestimables aliados. Como yo también traduzco del inglés al japonés, entiendo como propia la alegría y el sufrimiento de este trabajo. Procuro mantenerme en contacto con ellos, y cuando se les plantean dudas, me esfuerzo por resolverlas de buena gana. En general hago todo cuanto está en mis manos para facilitarles el trabajo.

Si uno lo hace, lo entiende. El trabajo de un traductor es muy laborioso y complicado, pero el resultado no debe ser unilateral. Debe haber un intenso toma y daca entre autor y traductor que beneficie a la obra. Para un escritor que pretenda abrirse camino en el extranjero, los traductores son sus más importantes compañeros y aliados. Es esencial dar con personas con las que exista una buena química. Aunque se trate de un traductor excepcional, si no empatiza con el autor ni con el texto, si no está familiarizado con su sabor, con su textura, el resultado quedará cojo. Ambas partes acumularán tensión y el texto en sí terminará por convertirse en una molesta obligación.

No hace falta que lo diga yo, pero en el extranjero, en especial en Occidente, se tiene un gran sentido de la persona como individuo. Por eso las cosas no funcionan si se delega en otras personas sin más. Cada una de las fases del trabajo exige determinadas responsabilidades. Para traducir hace falta tiempo y un determinado nivel de conocimiento del idioma. De las cuestiones prácticas se encargan los agentes literarios, pero suele ser gente ocupada y no pueden hacerse cargo de todos los detalles que afectan a autores aún sin nombre de los que ni siquiera saben si van a sacar provecho. Por eso uno debe de cuidar de sí mismo. Yo era más o menos conocido en Japón, pero no en el extranjero. Excepto los profesionales del sector editorial o una pequeña parte de los lectores, un norteamericano medio no tenía la más mínima idea de mi existencia y ni siquiera era capaz de pronunciar mi nombre correctamente. Me llamaban «Myurakami», pero fue eso, precisamente, lo que me motivó. Decidí lanzarme a un territorio virgen para descubrir hasta dónde podría llegar partiendo de la nada.

Ya lo he dicho antes, pero de haberme quedado en el Japón de entonces, que vivía una etapa de prosperidad sin precedentes, como autor del best seller *Tokio blues* (aunque esté feo que yo lo diga), habría recibido un encargo tras otro y habría ganado un buen dinero. Pero quería alejarme de ese ambiente, explorar hasta dónde podía llegar fuera de Japón. Era un empeño personal y ahora me doy cuenta de sus beneficios. Asumir los desafíos que suponen las nuevas fronteras es muy importante para quien se dedica a cualquier cosa relacionada con la creación. Si uno se acomoda en determinada posición o lugar, es fácil que su impulso creativo flaquee. Incluso podría llegar a perderlo. Cuando establecí mi objetivo, quizá desaté sin darme cuenta una sana ambición dentro de mí en el momento justo.

No se me dan bien las apariciones públicas, es mi carácter, pero en el extranjero acepto entrevistas, y si me conceden algún premio, acudo con gusto a la ceremonia de entrega e incluso leo el correspondiente discurso. También acepto invitaciones a algunos clubes de lectura y conferencias, siempre con un límite. A pesar de que no abundan las ocasiones, procuro salir de mí mismo y mirar al exterior, si bien parece que también en el extranjero se ha extendido mi reputación de escritor que no se prodiga. Me cuesta hablar en inglés, pero intento expresarme por mí mismo sin recurrir a intérpretes. En Japón, por el contrario, solo aparezco en público en casos excepcionales. Me lo reprochan constantemente. Dicen que solo presto mis servicios en el extranjero, que tengo un doble rasero.

No es una excusa, pero si acepto ese tipo de apariciones en el extranjero es por un sentido del deber como escritor japonés. Cuando vivía fuera de Japón durante la época de la burbuja, me entristecía el hecho de que Japón, como cultura, no fuera visible, que lo poco que se sabía fuese tan insípido. Entonces pensé que debía hacer algo para remediarlo, por los japoneses que vivían fuera como yo, y también por mí mismo. No me considero especialmente patriota (más bien un cosmopolita), pero fuera de mi país, me guste o no, no tengo más remedio que aceptar la realidad de lo que soy: un escritor japonés. La gente me mira con esos ojos y yo mismo termino por verme así. Es de ahí de donde nace una conciencia respecto a mis compatriotas. Resulta extraño, pero me fui de Japón porque quería escapar de mi país natal y de sus rígidas estructuras, y al final no me ha quedado más remedio que establecer una nueva relación con mi país de origen.

No quiero que me malinterpreten. No es que regresara tal cual. Hablo de una nueva relación, y eso es una cosa muy distinta. A veces me encuentro con personas que se han vuelto más patriotas que nadie (en algunos casos incluso en nacionalistas) espoleados por una especie de sacudida que produce el hecho de regresar al país natal después de haber vivido fuera. Yo no me refiero a esa relación. No es mi caso. Se trata más bien del sentido profundo que tiene para mí ser un escritor japonés, del lugar donde se encuentra mi identidad.

Mis novelas se han traducido a más de cincuenta idiomas. Es un logro considerable en el sentido de que mi obra se valora en coordenadas culturales muy diversas. Como escritor, me alegra y me enorgullece, pero no por ello me conformo y tampoco me dan ganas de ponerme a pregonarlo a los cuatro vientos. Me considero un escritor que ha llegado a un punto medio en su proceso de evolución y entiendo que aún me queda un margen ilimitado (o casi ilimitado).

¿Por qué considero que existe ese margen? Porque es algo que tengo entre las manos. Primero afiancé mi posición como escritor en Japón. Después salí al extranjero, me esforcé por extender el rango de mis lectores. A partir de ahora descenderé para buscar en las profundidades de mí mismo, en la lejanía. Ese es un territorio nuevo, desconocido, tal vez mi última frontera. No sé si seré capaz de traspasarla, pero es maravilloso colocar banderas sobre un mapa en lugares donde aún no hemos estado. Da igual la edad que tenga, da igual dónde me encuentre.

Epílogo

No recuerdo con exactitud cuándo empecé a escribir los textos que se incluyen en este libro, pero debió de ser hace cinco o seis años. Desde hacía tiempo tenía ganas de hablar de lo que significa para mí escribir novelas, de lo que representa este trabajo en concreto. Lo escribí poco a poco, de manera fragmentaria y dividido en capítulos por temas. Ninguno de estos textos responde a un encargo, es decir, empecé a escribirlos para mí mismo, de manera espontánea.

Los primeros capítulos los escribí con un estilo más bien neutro, pero al releerlos me di cuenta de que no funcionaban, las frases sonaban un tanto ásperas, duras, no armonizaban con mis sentimientos. Decidí probar otra forma, como si hablase a un público imaginario, y de ese modo resultó mucho más fácil, las frases empezaron a fluir. Finalmente, decidí unificarlo todo a modo de textos para ser leídos en una conferencia. Me imaginaba a mí mismo en una sala pequeña, con treinta o cuarenta personas sentadas frente a mí. Reescribí todo para darle un tono de conversación, de intimidad. No obstante, nunca he tenido la ocasión de leer ninguno de estos textos frente a un público real. ¿Por qué? En primer lugar por pudor a hablar abiertamente de mí, de mi trabajo de escritor. Me resisto a dar explicaciones sobre las novelas que escribo. Cuando uno habla de sí mismo, tiende a poner excusas, a justificarse, a enorgullecerse de ciertas cosas o a protegerse de otras. Puede que no sea consciente, pero el resultado suele ser ese.

Siempre he pensado que en algún momento tendría la oportunidad de hablar de todas esas cuestiones, pero invariablemente me parecía demasiado pronto. «Quizá cuando sea más mayor», me decía a mí mismo. Fue así como terminé por abandonar los textos dentro de un cajón. De vez en cuando los recuperaba para reescribir un pasaje, para corregir algunos detalles, y durante el lapso de tiempo que duró ese proceso las circunstancias a mi alrededor, personales y sociales, cambiaron, como cambió también mi forma de pensar y de sentir. En ese sentido, es posible que haya diferencias notables entre los primeros manuscritos y lo publicado hoy aquí, pero esa es una cuestión que prefiero dejar aparte. Lo importante es que mi postura y mi pensamiento fundamentales ante el hecho de escribir apenas han cambiado. Incluso me da la impresión de que repito siempre lo mismo. Muchas veces me he sorprendido al leer opiniones de hace más de treinta años que parecían escritas hoy mismo.

En este libro vuelvo a contar, por tanto, lo que ya he contado y escrito de distintas formas hasta hoy. Quizá muchos lectores piensen: «Esto ya lo he leído antes en alguna parte». Les pido disculpas por ello. Si en esta ocasión me he decidido a publicar esta antología de conferencias nunca leídas en público es porque me ha parecido pertinente incluirlas en un mismo espacio de manera sistemática. Espero que este libro se lea únicamente como una recopilación de opiniones personales relacionadas con el hecho concreto de escribir novelas.

La primera mitad del libro se publicó por entregas en la revista *Monkey*. Motoyuki Shibata era su editor y estaba empeñado en sacar adelante un proyecto de revista literaria muy personal y con una orientación muy novedosa. Me pidió si podía escribir algo para la revista y le envié un relato que acababa de terminar. Me acordé entonces de estos manuscritos guardados en un cajón. «Por cierto», le dije, «tengo algo parecido a una serie de conferencias en un tono muy personal sobre el hecho de escribir. Si le interesa y tiene espacio quizá podría publicarlas por entregas.»

Fue así como se publicaron en la revista los primeros seis capítulos del libro. Solo debía entregar algo que dormía en un cajón de mi mesa, por lo que el trabajo resultó de lo más sencillo. De un total de once capítulos, los primeros seis se publicaron en *Monkey* y los últimos cinco los escribí para completar el libro.

Se podría considerar este libro como una especie de ensayo autobiográfico, aunque no lo escribí con esa idea. Mi objetivo era ceñirme lo máximo posible a la realidad para explicar las distintas fases por las que he pasado hasta llegar al lugar donde me encuentro hoy en día, cómo ha sido mi camino de escritor. Escribir novelas implica expresar cosas que uno lleva dentro, por lo que una vez que se empieza a hablar del oficio en concreto, es irremediable hablar de uno mismo.

No sé, a decir verdad, si de algún modo puede leerse como una especie de guía para quienes aspiran a ser escritores. Me considero un individualista y no tengo claro que mi forma de vivir y de escribir pueda extrapolarse. Dado que apenas tengo relación con otros escritores, tampoco sé cómo trabajan y no puedo comparar. Escribo como lo hago porque no sé hacerlo de otra manera. Eso no significa en absoluto que la mía sea la forma más adecuada de escribir una novela. Entre los detalles de mi mecánica, algunos podrán ser de utilidad y otros no. Es lógico. Si existen cien escritores, existirán cien modos de escribir. Espero que cada cual sepa discernir y hacer sus propios juicios y valoraciones.

Lo que me gustaría que comprendan todos los lectores interesados en este libro es que, en esencia, me considero una persona normal. Admito que tenía algo de eso que se denomina talento para escribir. De no haberlo tenido, hubiera sido imposible escribir durante tanto tiempo, pero al margen de eso, y aunque resulte extraño que sea yo quien lo diga, solo soy una persona corriente, como las miles y miles que existen en cualquier lugar del mundo. Si paseo por la calle, nada en mí resulta llamativo, y cuando voy a algún restaurante, normalmente me sientan a una mesa horrible. De no haberme dedicado a escribir no habría llamado la atención de nadie. Habría llevado una vida normal. Sin más. De hecho, mi vida cotidiana no me recuerda a todas horas que soy escritor.

La pura casualidad me ha dado un poco de talento para escribir, otro tanto de suerte y a ello se ha sumado una peculiaridad mía que me ha sido de gran ayuda: mi carácter obstinado, entendido en el sentido de firmeza. Esos elementos son los que me han permitido dedicarme al oficio de escribir durante treinta y cinco años, hecho que aún no deja de sorprenderme. De sorprenderme profundamente. En este libro quería hablar sobre todo de esa sorpresa, de un empeño muy tenaz (se podría llamar voluntad) de mantener esa sorpresa lo más intacta posible. Mi vida durante estos treinta y cinco años ha consistido, en gran medida, en el esfuerzo constante para no dejar escapar esa sorpresa. Es así como lo siento.

Para finalizar me gustaría añadir que no se me da bien pensar las cosas solo con la cabeza. No sé defenderme bien con pensamientos lógicos o abstractos. Solo logro poner en orden lo que pienso cuando escribo. Después de usar las manos para escribir, para leer y releer varias veces, para reescribir con cuidado, al fin soy capaz de ordenar y comprender lo que hay en mi cabeza, que no es mucho más que lo que hay en la cabeza de otras personas. Al escribir este libro he sido capaz, creo, de pensar sistemáticamente y observarme a mí mismo desde la distancia. Me ha llevado tiempo, y si de verdad lo he logrado, solo ha sido después de meterle mano muchas veces.

Ignoro hasta qué punto pueden servir a los lectores estas reflexiones, que, en alguna medida, solo son algo personal y diría que casi egoísta. No subyace en ellas un mensaje y tal vez solo reflejan procesos mentales míos. A pesar de todo, aunque sea poca cosa, me alegraría de verdad que sirvieran para algo.

Haruki Murakami, junio de 2015

MAXI
TUSQUETS
EDITORES

www.maxitusquets.com

www.planetadelibros.com